[Wissen für die Praxis]

Weiterführend empfehlen wir:

Arbeitsrecht
ISBN 978-3-8029-4205-1

Das gesamte Arbeitsrecht
ISBN 978-3-8029-1989-3

Arbeitsschutz, Gesundheitsschutz, Unfallverhütung
ISBN 978-3-8029-2036-3

BGB – Bürgerliches Gesetzbuch
ISBN 978-3-8029-2038-7

HGB, GmbH, AktG, Wirtschaftsgesetze kompakt
ISBN 978-3-8029-2033-2

Wir freuen uns über Ihr Interesse an diesem Buch. Gerne stellen wir Ihnen zusätzliche Informationen zu diesem Programmsegment zur Verfügung.

Bitte sprechen Sie uns an:

E-Mail: WALHALLA@WALHALLA.de
http://www.WALHALLA.de

Walhalla Fachverlag · Haus an der Eisernen Brücke · 93042 Regensburg
Telefon 0941 5684-0 · Telefax 0941 5684-111

Ostermaier · Vogt · Vogt

GESELLSCHAFTSRECHT

Die richtige Unternehmensform finden

Bibliografische Information der Deutschen Nationalbibliothek
Die Deutsche Nationalbibliothek verzeichnet diese Publikation in der Deutschen
Nationalbibliografie; detaillierte bibliografische Daten sind im Internet über
http://dnb.dnb.de abrufbar.

Zitiervorschlag:
Christian Ostermaier, Sylvia Vogt, Wilhelm Vogt, Gesellschaftsrecht
Walhalla Fachverlag, Regensburg 2017

Hinweis: Unsere Werke sind stets bemüht, Sie nach bestem Wissen zu informieren.
Alle Angaben in diesem Buch sind sorgfältig zusammengetragen und geprüft. Durch
Neuerungen in der Gesetzgebung, Rechtsprechung sowie durch den Zeitablauf ergeben
sich zwangsläufig Änderungen. Bitte haben Sie deshalb Verständnis dafür, dass wir für die
Vollständigkeit und Richtigkeit des Inhalts keine Haftung übernehmen.
Bearbeitungsstand: Dezember 2016

Schnellübersicht

1

2

3

4

5

6

7

Grundzüge des deutschen Gesellschaftsrechts

Der Erfolg eines Unternehmens hängt von zahlreichen Faktoren ab. Dabei kommt es nicht allein auf das angebotene Produkt an, sondern auch auf die Bedingungen, unter denen dieses hergestellt und am Markt platziert werden kann.

Neben dem Umgang mit Arbeitnehmern, Lieferanten, Kunden, Konkurrenten und nicht zuletzt auch dem Fiskus ist die Frage, in welcher Unternehmensform überhaupt gehandelt werden soll, von entscheidender Bedeutung. Bereits mit dieser Entscheidung werden die Weichen gestellt, die für einen dauerhaften Erfolg „überlebenswichtig" werden können. Denn nicht nur steuerliche Konsequenzen ergeben sich aus der Rechtsformwahl, sondern auch Fragen der persönlichen Haftung der Beteiligten und auch, wie Konflikte der Gesellschafter untereinander gelöst werden können (oder eben auch nicht).

Dieser Fachratgeber verschafft in- und ausländischen Unternehmern, die sich in Deutschland niederlassen wollen, einen Überblick über die Grundsätze des deutschen Gesellschaftsrechts.

Dr. Christian Ostermaier   *Sylvia Vogt*   *Dr. Wilhelm Vogt*

Abkürzungen

Abs.	Absatz
AG	Aktiengesellschaft
AktG	Aktiengesetz
AnfG	Anfechtungsgesetz
Az.	Aktenzeichen
BGB	Bürgerliches Gesetzbuch
BetrVG	Betriebsverfassungsgesetz
DrittelbG	Drittelbeteiligungsgesetz
DCGK	Deutsche Corporate Governance Kodex
e. G.	eingetragene Genossenschaft
e. V.	eingetragener Verein
EWIV	Europäische Wirtschaftliche Interessenvereinigung
f./ff.	folgende/fortfolgende
FamFG	Familienverfahrensgesetz
GBO	Grundbuchordnung
GbR	Gesellschaft bürgerlichen Rechts
GBV	Verordnung zur Durchführung der Grundbuchordnung
GenG	Genossenschaftsgesetz
ggf.	gegebenenfalls
GmbHG	Gesetz betreffend die Gesellschaften mit beschränkter Haftung
HGB	Handelsgesetzbuch
InsO	Insolvenzordnung
i. V. m.	in Verbindung mit
KG	Kommanditgesellschaft
KGaA	Kommanditgesellschaft auf Aktien
KWG	Kreditwesengesetz
mbB	mit beschränkter Berufshaftung
mbH	mit beschränkter Haftung
MitbestG	Mitbestimmungsgesetz
OHG	Offene Handelsgesellschaft
PartGG	Partnerschaftsgesellschaftsgesetz
SCE	Societas Cooperativa Europaea (Europäische Genossenschaft)
SE	Societas Europaea (Europäische Aktiengesellschaft)
SE-VO	Verordnung über das Statut der Europäischen Aktiengesellschaft
UG	Unternehmergesellschaft
UmwG	Umwandlungsgesetz

VAG	Versicherungsaufsichtsgesetz
VVaG	Versicherungsverein auf Gegenseitigkeit
WpHG	Wertpapierhandelsgesetz
WpÜG	Wertpapiererwerbs- und Übernahmegesetz
ZPO	Zivilprozessordnung

Grundlagen

1

1. Begriff

Das Gesellschaftsrecht befasst sich mit den verschiedenen Rechtsformen privatrechtlicher Organisationen, die durch rechtsgeschäftliche Vereinbarung zu einem bestimmten Zweck begründet wurden.
Geregelt werden Fragen wie die Rechtsfähigkeit der Gesellschaft,
wer für sie handeln darf, wer haftet sowie die Ausgestaltung der
Rechtsbeziehung der Gesellschafter untereinander.

Das deutsche Recht stellt folgende Gesellschaftstypen zur Verfügung:

- Gesellschaft bürgerlichen Rechts (GbR oder BGB-Gesellschaft)
- Offene Handelsgesellschaft (OHG)
- Kommanditgesellschaft (KG)
- Stille Gesellschaft
- Partnerschaftsgesellschaft (PartG)
- Partnerschaftsgesellschaft mit beschränkter Berufshaftung (PartG mbB)
- Europäische Wirtschaftliche Interessenvereinigung (EWIV)
- Partenreederei
- Verein
- Aktiengesellschaft (AG oder AktG)
- Europäische Aktiengesellschaft (SE)
- Gesellschaft mit beschränkter Haftung (GmbH)
- Unternehmergesellschaft haftungsbeschränkt (UG haftungs-beschränkt)
- Eingetragene Genossenschaft (e. G.)
- Europäische Genossenschaft (SCE)
- Versicherungsverein auf Gegenseitigkeit (VVaG)

Die Stiftung hat keine Gesellschafter. Sie gehört deshalb an sich
nicht zum Gesellschaftsrecht im eigentlichen Sinn.

www.WALHALLA.de

2. Personen- und Kapitalgesellschaften

Es wird zwischen Personen- und Kapitalgesellschaften unterschieden. Letztere werden auch juristische Personen oder Körperschaften genannt.

1

Personengesellschaften

Personengesellschaften zeichnen sich durch eine grundsätzlich stärkere rechtliche Verbundenheit der beteiligten Gesellschafter aus. Anteile sind in der Regel nicht frei übertragbar oder vererblich. Nach außen haften die Gesellschafter für Verbindlichkeiten der Gesellschaft prinzipiell auch persönlich. Die Geschäftsführung erfolgt oftmals durch die Gesellschafter selbst. Diese Merkmale können jedoch bei den einzelnen Gesellschaftstypen unterschiedlich stark ausgeprägt sein.

Zu den Personengesellschaften zählen:

- Gesellschaft bürgerlichen Rechts (GbR, BGB)
- Offene Handelsgesellschaft (OHG)
- Kommanditgesellschaft (KG)
- Stille Gesellschaft
- Partnerschaftsgesellschaft (PartG)
- Europäische wirtschaftliche Interessenvereinigung (EWIV)
- Partenreederei

Kapitalgesellschaften

Demgegenüber spielt die Person des Gesellschafters als solche bei Kapitalgesellschaften grundsätzlich eine geringere Rolle. Stattdessen steht die kapitalmäßige Beteiligung im Vordergrund. Mitgliedschaften sind vom Grundsatz her deshalb frei übertragbar und vererblich. Eine persönliche Haftung der Gesellschafter besteht vom Prinzip her nicht, jedoch kann eine Nachschusspflicht vereinbart werden. Darüber hinaus verlangen Banken oft zusätzliche Sicherheiten für einen Kredit an eine GmbH wie beispielsweise eine Bürgschaft der Gesellschafter persönlich.

Die Geschäftsführung kann auch Dritten, also Nicht-Gesellschaftern, übertragen werden.

Diese Grundsätze sind bei den einzelnen Gesellschaftstypen unterschiedlich ausgeprägt. Darüber hinaus können die Beziehungen der Gesellschafter untereinander durch die Satzung den Rechtsprinzipien einer Personengesellschaft angenähert werden.

1

Zu den Körperschaften zählen:

- der rechtsfähige Verein (e. V.)
- die Aktiengesellschaft (AktG)
- die Gesellschaft mit beschränkter Haftung (GmbH)
- die Kommanditgesellschaft auf Aktien (KGaA)
- die Genossenschaft (e. G.)
- der Versicherungsverein auf Gegenseitigkeit (VVaG)

Im Folgenden werden die verschiedenen Gesellschaftstypen im Einzelnen dargestellt. Begonnen wird mit der BGB-Gesellschaft (GbR), die als Grundform der Personengesellschaften betrachtet werden kann. Gesellschaftsrechtliche Grundsätze, wie beispielsweise die Treuepflicht der Gesellschafter, der Gleichbehandlungsgrundsatz oder die Abwicklung von fehlerhaften Gesellschaften, werden bereits im Rahmen der GbR erörtert, auch wenn deren Geltung nicht auf die GbR beschränkt ist. Nur soweit sich bei anderen Gesellschaftsformen diesbezüglich Besonderheiten ergeben, werden diese bei den jeweiligen Gesellschaftstypen abgehandelt.

Personengesellschaften

2

1. Gesellschaft bürgerlichen Rechts

Die Rechtsgrundlagen für die Gesellschaft bürgerlichen Rechts (GbR, BGB-Gesellschaft) finden sich in § 705 ff. BGB. Eine GbR liegt nach § 705 BGB vor, wenn sich mehrere Personen gegenseitig verpflichten, einen bestimmten Zweck auf bestimmte Weise zu fördern.

2 Gesellschafter

Anders als beispielsweise bei der Aktiengesellschaft (§ 1 AktG) oder der Gesellschaft mit beschränkter Haftung (§ 2 GmbHG), wo die Gründung der juristischen Person durch eine Person alleine möglich ist, sieht der Gesetzeswortlaut also mindestens zwei Gesellschafter zur Gründung einer GbR vor. Eine „Ein-Mann-GbR" gibt es prinzipiell nicht. Vereinzelt wird neuerdings vertreten, dass zumindest in Fällen, wo nach Ausscheiden aller Gesellschafter bis auf einen eine Weiterführung der GbR als „Ein-Mann-Gesellschaft" dort zulässig sein soll, wo trotz des Ausscheidens weiterhin ein Bedürfnis an getrennten Vermögensteilen des Gesellschafters besteht, etwa weil der verbliebene Gesellschafter Vorerbe des ausgeschiedenen Gesellschafters geworden ist. Die erbrechtlichen Beschränkungen der Vorerbschaft betreffen dann nur den ererbten Anteil des ehemaligen Mitgesellschafters, nicht jedoch den originär eigenen Anteil. Höchstrichterlich ist die Streitfrage noch nicht geklärt. Für die Praxis bietet es sich deshalb nach wie vor an, für solche Fälle etwa mit einer Treuhandschaft vorzusorgen.

Umgekehrt besteht nach oben in der Anzahl der Gesellschafter keine gesetzliche Beschränkung. Allerdings dürfte bei einer hohen Anzahl von Beteiligten die persönliche Verbundenheit eher sinken, so dass die Rechtsform der GbR sich für Publikumsgesellschaften regelmäßig eher als ungeeignet erweisen dürfte.

Gesellschafter können natürliche oder juristische Personen sein, aber auch andere Personengesellschaften. Nicht beteiligtenfähig sind hingegen bloße Rechtsgemeinschaften, wie beispielsweise die Erbengemeinschaft. Die Rechtsnatur der Erbengemeinschaft (z. B. die Möglichkeit, jederzeit Auflösung der Gemeinschaft zu verlangen, § 2042 Abs. 1 BGB, oder die Möglichkeit, über seinen Anteil frei zu verfügen, § 2033 BGB) verträgt sich nicht mit der engen Verbundenheit von GbR-Gesellschaftern.

Sollen minderjährige Personen an einer Gesellschaft beteiligt werden, ist nicht nur die Vertretung durch die Eltern erforderlich, §§ 107, 1629 BGB, sondern ggf. auch die Genehmigung durch das Familiengericht, wenn es sich um den Betrieb eines Erwerbsgeschäfts handelt, § 1643 Abs. 1 i. V. m. § 1822 Nr. 3 BGB. Ist der gesetzliche Vertreter selbst an der Gesellschaft beteiligt, muss außerdem ein Pfleger bestellt werden, §§ 1629 Abs. 2, 1795 Abs. 2, 181 BGB. Die Haftung des Minderjährigen kann auf das vorhandene Vermögen beschränkt werden, § 1629a BGB.

2

Vertrag

Vertragsform

Die Gründung erfolgt durch Vertrag. Dabei bedarf dieser keiner bestimmten Form. Noch nicht einmal die Schriftform ist vom Gesetzgeber vorgeschrieben. Es ist deshalb sogar nach allgemeinen Grundsätzen möglich, eine GbR konkludent, das heißt durch „schlüssiges Verhalten" zu gründen. Beispiele wären eine Tippgemeinschaft im Lotto oder eine Mitfahrgemeinschaft. Bei derartigen Alltagsgeschäften wird kein ausdrücklicher Gesellschaftsvertrag abgeschlossen, juristisch wird er jedoch als GbR-Vertrag behandelt.

Das Erfordernis, eine bestimmte Form zu beachten, kann sich jedoch aus anderen Gesichtspunkten ergeben, zum Beispiel wenn in das Gesellschaftsvermögen ein Grundstück eingebracht werden soll. Die Veräußerung von Grundstücken muss nach § 311b Abs. 1 Satz 1 BGB notariell beurkundet werden. Das gilt, wenn mit dem Gesellschaftsvertrag die konkrete Verpflichtung begründet wird, ein bestimmtes Grundstück zu übertragen oder zu erwerben. Soll dagegen lediglich als Gesellschaftszweck der (allgemeine) Erwerb und die Veräußerung von Immobilien vereinbart werden, so besteht keine notarielle Beurkundungspflicht nach § 311b Abs. 1 BGB.

Vertragszweck

Beim Gesellschaftsvertrag verfolgen die Parteien einen gemeinsamen Zweck. Das unterscheidet ihn vom Austauschvertrag, wie etwa einem Kauf- oder Mietvertrag mit eher gegenläufigen Interessen: Der Käufer möchte eine möglichst hochwertige Kaufsache zu einem möglichst günstigen Preis erwerben, der Verkäufer hingegen möchte einen möglichst hohen Kaufpreis erzielen.

Abgrenzungsschwierigkeiten können entstehen, wenn ein Austauschvertrag geschlossen wird, bei dem die Gegenleistung an einer Beteiligung am Gewinn einer Gesellschaft entsteht, zum Beispiel beim sogenannten partiarischen Darlehen.

Problematisch können auch familienrechtliche Konstellationen sein: Handeln Eheleute oder nichteheliche Partner zusammen für einen bestimmten wirtschaftlichen Zweck (z. B. einen gemeinsamen Hausbau), so kann ebenfalls Gesellschaftsrecht zur Anwendung kommen, wenn die erbrachten Leistungen einer gemeinschaftlichen Wertschöpfung dienen, die über das familienmäßige Zusammenleben hinausgeht. Ist dies nicht der Fall, ist eine Abwicklung oder ein Ausgleich nach familienrechtlichen Grundsätzen vorzunehmen.

Im Übrigen gelten die allgemeinen Regeln des BGB auch für den Gesellschaftsvertrag. So darf der Vertragszweck selbstverständlich nicht gegen die „guten Sitten" (§ 138 BGB) oder gegen ein Gesetz (§ 134 BGB) verstoßen. Ansonsten kommt jeder Gesellschaftszweck für die GbR infrage, nicht nur für wirtschaftliche, sondern beispielsweise auch für künstlerische oder wissenschaftliche Zwecke.

Die Erscheinungsformen sind deshalb in der Praxis äußerst vielfältig. Genannt seien hier nur Bauherrengemeinschaften, Poolverträge zur Sicherungsverwertung, Arbeitsgemeinschaften, Fahrgemeinschaften oder Stimmrechtskonsortien.

Eine besondere Bedeutung hat die GbR für die freien Berufe: Da diese kein Handelsgewerbe betreiben und ihnen deshalb die Gesellschaftsformen der OHG oder KG nicht zur Verfügung stehen, arbeiten Architekten, Ärzte, Rechtsanwälte oder Steuerberater häufig in der Gesellschaftsform der GbR zusammen.

Vertragsauslegung

Nicht immer sind Regelungen eines Gesellschaftsvertrags so eindeutig gefasst, dass nur eine bestimmte, eindeutige Auslegung infrage kommt. Bei Zweifeln sind die allgemeinen Regeln zur Auslegung von Willenserklärungen heranzuziehen, §§ 157, 133 BGB. Demnach ist nicht unbedingt eine buchstabengetreue Auslegung vorzunehmen. Vielmehr ist der (übereinstimmende) wirkliche Wille der Parteien zu berücksichtigen, auch wenn sie sich eventuell missverständlich ausgedrückt haben. Diese allgemeine Auslegungsregel muss jedoch bei Gesellschaften mit einem großen Gesellschafterkreis (z. B. Publikumsgesellschaften) oder wenn die Anteile frei veräußerlich sind, dahingehend modifiziert werden, dass eine objektive Auslegung der Satzung zu erfolgen hat. Denn in diesen Fällen erwerben die Beteiligten ihre Anteile aufgrund der bestehenden Satzung. Eventuell anderslautende Motive der Gründer sind den Erwerbern in der Regel nicht bekannt, was wiederum den Altgesellschaftern bei der Anteilsveräußerung klar sein sollte.

Bei der Auslegung ist stets im Auge zu behalten, dass es sich in der Regel um eine längerfristige Vertragsbeziehung handelt. Insbesondere, wenn die Gesellschaft schon längere Zeit besteht und sich eventuell auch eine andere Praxis herausgebildet hat, als es der Wortlaut des Vertrags nahe legt, wird der Grundtendenz des Vertrags und dem Ziel der Gesellschaft besondere Bedeutung beizumessen sein. Allerdings: Über einen eindeutigen Wortlaut kann sich die Auslegung nicht ohne weiteres hinwegsetzen. Bei längerer Übung kann eine konkludente einvernehmliche Abänderung des Gesellschaftsvertrags in Betracht kommen. Das gilt jedoch nicht für Publikumsgesellschaften zulasten der Gesellschafter.

Ist eine Thematik im Vertrag nicht oder nicht wirksam geregelt, so soll die Lücke primär im Wege einer ergänzenden Vertragsauslegung geschlossen werden. Dies setzt jedoch voraus, dass ein hypothetischer Parteiwille ermittelt werden kann. Erst wenn ein solcher fehlt, wird auf das dispositive Gesetzesrecht zurückgegriffen, um die Vertragslücke zu schließen.

Ist eine einzelne Klausel nichtig, so wird dies nur selten die Gesamtnichtigkeit des Vertrags zur Folge haben, § 139 BGB. Dies wird oftmals schon durch eine sogenannte salvatorische Klausel im Vertrag verhindert. Aber auch ohne eine solche tendiert die Rechtsprechung dazu, den Vertrag nach dem mutmaßlichen Parteiwillen aufrechtzuerhalten.

Inhaltskontrolle

Insbesondere bei Publikumsgesellschaften könnte man an einen Verbraucherschutz durch eine AGB-rechtliche Inhaltskontrolle denken. Die einschlägigen § 305 ff. BGB finden jedoch auf Gesellschaftsverträge keine Anwendung, § 310 Abs. 4 Satz 1 BGB.

Hintergrund dieser Ausnahmeregelung ist die Überlegung, dass Gesellschaftsverträge oftmals mit einem unternehmerischen Motiv abgeschlossen werden, so dass die Schutzvorschriften des AGB-Rechts als nicht angemessen erscheinen. Da bei Publikumsgesell schaften jedoch in aller Regel die unternehmerische Komponente fehlt, wird die Bereichsausnahme von der Geltung der § 305 ff. BGB in diesen Fällen restriktiv ausgelegt und eine Inhaltskontrolle befürwortet. Im Übrigen findet eine Inhaltskontrolle stets im Rahmen der allgemeinen Generalklauseln § 138 BGB (Sittenwidrigkeit) und § 242 BGB (Treu und Glauben) statt.

Beiträge

2

Die Gesellschafter verpflichten sich im Gesellschaftsvertrag, ihre Beiträge zur Förderung des Gesellschaftszwecks zu leisten. Diese können zum Beispiel in der Erbringung von Dienstleistungen, Offenlegung von Know-how oder in der Zurverfügungstellung von Sachen liegen. Im Zweifel haben die Gesellschafter gleiche Beiträge zu leisten, § 706 Abs. 1 BGB. Diese gesetzliche Regelung kann jedoch – auch konkludent – abbedungen werden.

Erbringt ein Gesellschafter seinen Beitrag nicht, so kann die Gesellschaft auf Leistung klagen oder – bei verschuldeter Nichtleistung – Schadensersatz verlangen, § 280 BGB. Auch eine Kündigung kann in Erwägung gezogen werden, § 723 Abs. 1 Satz 3 Nr. 1 BGB. Die Kündigung führt in Ermangelung einer anderen gesellschaftsrechtlichen Vereinbarung nicht (nur) zum Ausschluss des säumigen Gesellschafters, sondern zur Auflösung der Gesellschaft als solche. Die verbleibenden Gesellschafter können jedoch, wenn dies nicht ohnehin bereits im Gesellschaftsvertrag vereinbart wurde, § 737 BGB, die Fortsetzung der Gesellschaft beschließen. Dies führt dann praktisch doch zu einem Ausschluss des vertragsuntreuen Gesellschafters.

Zu einer Erhöhung der ursprünglich vereinbarten Beiträge (Nachschießen von Beiträgen) sind die Gesellschafter prinzipiell nicht verpflichtet, § 707 BGB, es sei denn, der Gesellschaftsvertrag sieht etwas anderes vor.

Treuepflicht

Aus der gesellschaftsrechtlichen Verbundenheit der Gesellschafter ergibt sich eine gegenseitige Treuepflicht, und zwar sowohl gegenüber der Gesellschaft als solcher als auch gegenüber den einzelnen Gesellschaftern. Das bedeutet, dass bei der Ausübung eigener Rechte auf Belange sowohl der Gesellschaft als auch der Mitgesellschafter Rücksicht zu nehmen ist. Stehen diese miteinander in Widerspruch (z. B. wenn es um die Zulassung von Wettbewerb durch einen Gesellschafter geht), hat im Zweifel das Interesse der Gesellschaft Vorrang. Schließlich hat man sich gegenseitig zur Förderung des Gesellschaftszwecks verpflichtet.

Das Maß der Treuepflicht, das dem einzelnen Gesellschafter abverlangt wird, variiert je nach Art des Gesellschaftsvertrags: Bei einer kleineren Gesellschaft wird man in der Regel von einer engeren Verbundenheit ausgehen können als bei einem großen Mitgliederkreis, während bei einem gewichtigeren Gesellschaftszweck ein strengerer Maßstab anzulegen sein wird als bei solchem mit eher geringer Bedeutung für die Gesellschafter.

2

Die Treuepflicht kann zum Beispiel einer anderweitigen Tätigkeit des Gesellschafters entgegenstehen, die mit dem Gesellschaftszweck in Wettbewerb steht. Diese Problematik ist nicht ausdrücklich gesetzlich geregelt. Es kommt auf den konkreten Einzelfall und im Zweifel auf eine Interessenabwägung an. Aus Gründen der Rechtssicherheit empfiehlt es sich deshalb, diese Frage ausdrücklich im Gesellschaftsvertrag zu regeln.

Die Treuepflicht kann sich auch auf ein Rechtsverhältnis auswirken, das ein Gesellschafter neben seiner Gesellschafterstellung mit der Gesellschaft eingegangen ist.

Beispiel:

Der Gesellschafter hat mit der Gesellschaft einen Darlehens- oder Kaufvertrag abgeschlossen. Bei der Geltendmachung seiner Forderung gegen die Gesellschaft hat er auf einen vorübergehenden Liquiditätsengpass der Gesellschaft Rücksicht zu nehmen.

Gleichbehandlungsgrundsatz

Aus der Treuepflicht kann auch der sogenannte Gleichbehandlungsgrundsatz im Gesellschaftsrecht hergeleitet werden. Dieser besagt, dass Gesellschafter nicht willkürlich ungleich behandelt werden dürfen. Teils wird er auch mit der Generalklausel des § 242 BGB (Grundsatz von Treu und Glauben) begründet. Das Gesetz geht in etlichen Vorschriften von einer Gleichbehandlung aus, soweit nichts anderes vereinbart ist, zum Beispiel in § 709 Abs. 1 BGB zur

Geschäftsführungsbefugnis, in § 709 Abs. 2 BGB zur Stimmabgabe oder in § 722 Abs. 1 BGB zur Gewinn- und Verlustbeteiligung.

Dies gilt jedoch nur, soweit nichts anderes vereinbart ist, denn dann hat sich der betroffene Gesellschafter mit seiner Ungleichbehandlung einverstanden erklärt. Es liegt dann keine „willkürliche" Ungleichbehandlung vor.

2 Verstöße gegen die Treuepflicht können Schadensersatzansprüche sowohl der übrigen Gesellschafter als auch der Gesellschaft gegen den treuwidrig handelnden Gesellschafter auslösen. Meist wird es sich bei dem Schaden der übrigen Gesellschafter jedoch nur um einen sogenannten Reflexschaden handeln, das heißt ihr Schaden besteht in einer Entwertung ihres Anteils durch den Schaden, den die Gesellschaft erlitten hat. Gleicht der Schädiger den Schaden der Gesellschaft aus, wird somit auch zugleich der Schaden der Mitgesellschafter „repariert", so dass kein gesonderter Schadensersatzanspruch der Gesellschafter mehr besteht.

Bei einer Beschlussfassung ist zu unterscheiden: Rechtshandlungen (z. B. eine rechtswidrige Stimmabgabe), die gegen die Treuepflicht verstoßen, können als nichtig und damit unbeachtlich angesehen werden. Bei einem Unterlassen einer an sich gebotenen Handlung kann hingegen nicht ohne Weiteres die Vornahme der Handlung unterstellt werden: Hier muss der sich verweigernde Gesellschafter auf Mitwirkung verklagt werden.

Verbandssouveränität

Bei der Vertragsgestaltung und Beschlussfassung ist der Grundsatz der sogenannten Verbandssouveränität zu beachten. Dieser besagt, dass bedeutsame Entscheidungen auch von den Gesellschaftern selbst getroffen werden müssen und nicht Dritten oder nur einzelnen Gesellschaftern überlassen werden dürfen.

Geschäftsführung und Selbstorganschaft

Geschäftsführung

Geschäftsführungsmaßnahmen sind alle Tätigkeiten, die für die Gesellschaft vorgenommen werden, sowohl tatsächlicher als auch rechtsgeschäftlicher Art. Darunter fallen somit beispielsweise Verwaltungsaufgaben, der Abschluss von Verträgen oder die Geltendmachung von Forderungen.

Nicht zur Geschäftsführung gehören sogenannte Grundlagenge-schäfte. Das sind Geschäfte, die die Basis der Gesellschaft als solche betreffen (z. B. eine völlig neue Geschäftsausrichtung) oder die mit einer Änderung des Gesellschaftsvertrags einhergehen. Hierfür ist die Gesellschafterversammlung zuständig, nicht die Geschäfts-führung.

Die Geschäftsführung der GbR ist originäre Aufgabe der Gesell-schafter. Sie sind hierzu nicht nur berechtigt, sondern auch ver-pflichtet, sofern nichts anderes im Gesellschaftsvertrag bestimmt ist. Dieses Prinzip der „Selbstorganschaft" gilt für alle Personengesell-schaften. Die Rechte und Pflichten des geschäftsführenden Gesell-schafters ergeben sich aus § 713 i. V. m. §§ 664 bis 670 BGB. Hier-nach darf der Gesellschafter die Ausführung nicht ohne Weiteres auf einen Dritten übertragen, er hat Auskunft und Rechenschaft zu erteilen und alles, was er aus der Ausführung erlangt, an die Gesellschaft herauszugeben. Umgekehrt kann er Erstattung seiner (erforderlichen) Aufwendungen verlangen, §§ 713, 669, 670 BGB.

2

Die Geschäftsführung hat sich selbstverständlich an den Interes-sen der Gesellschaft zu orientieren, nicht an den persönlichen des Gesellschafters. Bei einer Überschreitung der Geschäftsführungs-befugnis haftet der Gesellschafter für den dadurch verursachten Schaden, § 280 BGB.

Allerdings kommt dem Gesellschafter ein sogenanntes Haftungs-privileg zugute, § 708 BGB: Er muss nicht für die im Verkehr objektiv erforderliche Sorgfalt einstehen, sondern hat nur denjenigen Sorg-faltsmaßstab zu beachten, den er üblicherweise in eigenen Ange-legenheiten anzuwenden pflegt. Allerdings wird dieses Privileg bei Berufsausübungsgemeinschaften in aller Regel – schon konkludent – abbedungen sein. Im Außenverhältnis gegenüber Dritten kann sich der Gesellschafter ohnehin nicht auf den geringeren Sorgfalts-maßstab berufen. Dasselbe gilt selbstverständlich bei Handeln im Straßenverkehr: Hier ist stets der allgemein festgelegte Sorgfalts-maßstab anzusetzen.

Alle Gesellschafter führen die Geschäfte prinzipiell gemeinschaft-lich (sog. Gesamtgeschäftsführung), das heißt es ist – sofern nichts anderes vereinbart ist – die Zustimmung *aller* Gesellschafter er-forderlich, § 709 BGB. Im Gesellschaftsvertrag kann jedoch auch vereinbart werden, dass jeder Gesellschafter berechtigt ist, einzeln zu handeln (sog. Einzelgeschäftsführungsbefugnis). In diesem Fall

2

steht den übrigen (zur Geschäftsführung befugten) Gesellschaftern jedoch ein Widerspruchsrecht gegen eine Geschäftsführungsmaßnahme zu, wenn sie mit dieser nicht einverstanden sind, § 711 BGB. Gesellschaftern, die von der Geschäftsführung ausgeschlossen sind, steht kein Widerspruchsrecht zu. Bei strittigen Maßnahmen hat der geschäftsführende Gesellschafter die anderen vorab zu informieren, damit sie ihr Widerspruchsrecht überhaupt rechtzeitig ausüben können. Unterlässt er dies, kann er sich schadensersatzpflichtig machen. Im Gesellschaftsvertrag kann konkret festgelegt werden, dass für bestimmte Geschäfte vorab die Zustimmung aller Gesellschafter einzuholen ist.

Es kann auch das Mehrheitsprinzip vereinbart werden, so dass es für die Wirksamkeit einer Geschäftsführungsmaßnahme genügt, wenn sich die erforderliche Mehrheit findet, § 709 Abs. 2 BGB. Soll eine derartige Regelung getroffen werden, ist darauf zu achten, ob ein Stimmrecht nach „Köpfen" oder nach der Höhe der Beteiligung festgelegt werden soll. Beides ist möglich. Wird nichts vereinbart, hat jeder Gesellschafter eine Stimme. Jedoch wird bei einer unterschiedlichen Gewinnquote regelmäßig die Vertragsauslegung ergeben, dass auch die Stimmrechte entsprechend bewertet werden sollen.

Im Gesellschaftsvertrag kann die Geschäftsführung auch auf einen bestimmten oder mehrere Gesellschafter übertragen werden. Die anderen Gesellschafter sind dann von der Geschäftsführung ausgeschlossen, § 710 BGB. Auch eine Aufteilung nach Ressorts ist möglich.

Die durch Gesellschaftsvertrag übertragene Geschäftsführungsbefugnis kann nur aus wichtigem Grund wieder entzogen werden, § 712 Satz 1 BGB. Je nach Satzungsregel ist hierfür ein einstimmiger oder mehrheitlicher Beschluss der übrigen Gesellschafter erforderlich. Dabei sind auch Gesellschafter zur Mitbestimmung berechtigt, die sonst von der Geschäftsführung ausgeschlossen sind, da es sich um ein Grundlagengeschäft handelt. Der betroffene Gesellschafter hat hingegen – wegen der Interessenskollision – kein Stimmrecht. Bei einer langjährigen Beziehung ist eine sorgfältige Abwägung der Interessen der Beteiligten erforderlich. Es kommt ggf. auch nur eine Teilentziehung in Betracht. Maßgeblich ist, ob den übrigen Gesellschaftern die Geschäftsführung durch ihren Mitgesellschafter nicht mehr zumutbar ist.

Selbstorganschaft

Auch eine Übertragung der Geschäftsführung auf Dritte, das heißt Nicht-Gesellschaftern, ist denkbar. Allerdings darf hierbei nicht das Prinzip der Selbstorganschaft verletzt werden.

Eine unwiderrufliche Übertragung der Geschäftsführungsbefugnis an einen Externen unter Ausschluss der Gesellschafter selbst von jeglicher Geschäftsführung wäre rechtlich nicht haltbar. Das Prinzip der Selbstorganschaft, wonach die Gesellschafter selbst für die Gestaltung der Geschäftsführung verantwortlich sind, wäre verletzt.

2

Vertretung

Die Vertretungsbefugnis ist von der Geschäftsführungsbefugnis zu unterscheiden. Die Geschäftsführungsbefugnis besagt nur etwas darüber, was der Gesellschafter im Innenverhältnis zu den übrigen Gesellschaftern und der Gesellschaft darf. Die Vertretungsbefugnis hingegen regelt die Fähigkeit, die Gesellschaft nach Außen gegenüber Dritten im Rechtsverkehr wirksam zu vertreten, das heißt Rechte zu erwerben und Verpflichtungen einzugehen.

Die Vertretungsbefugnis richtet sich gemäß § 714 BGB prinzipiell nach den Regeln der Geschäftsführung, das heißt wer geschäftsführungsbefugt ist, besitzt vom Grundsatz her auch Vertretungsmacht. Ohne gesonderte Regelung im Gesellschaftsvertrag besteht demnach Gesamtvertretungsmacht. Das bedeutet, nach dem Gesetz müssen alle (!) Gesellschafter bei der Vertretung mitwirken.

Da dies oft unpraktikabel sein dürfte, kann jedoch bereits im Gesellschaftsvertrag auch eine Einzelvertretungsbefugnis erteilt werden. Umgekehrt kann Gesellschaftern auch die Vertretungsmacht entzogen werden. Allerdings kommt in diesen Fällen eventuell eine Haftung der Gesellschaft nach Rechtscheingrundsätzen in Betracht, wenn der Gesellschafter seine Befugnis überschreitet.

Darüber hinaus kann ein an sich nur zur Gesamtvertretung befugter Gesellschafter für bestimmte Rechtsgeschäfte durch gesonderte rechtsgeschäftliche Vollmacht zur Einzelvertretung von den übrigen Gesellschaftern ermächtigt werden.

Bei einseitigen Erklärungen für die GbR, insbesondere Kündigungen, ist in dem Fall, dass einem Gesellschafter Einzelvertretungsbefugnis erteilt wurde, dringend zu empfehlen, dass entweder alle Gesellschafter unterzeichnen oder eine Originalvollmacht durch die übrigen Gesellschafter oder den Gesellschaftsvertrag vorzulegen. Ansonsten kann nämlich, wenn dem Erklärungsempfänger die Vertretungsverhältnisse nicht bekannt sein müssen, dieser die Kündigung mangels Vollmachtsvorlage zurückweisen, § 174 BGB. Grund für die Zurückweisung ist somit nicht die fehlende Vertretungsmacht, sondern der fehlende Nachweis hierfür.

Haftung der Gesellschaft und der Gesellschafter

2

Vertreten werden über den Wortlaut des § 714 BGB hinaus nicht nur die übrigen Gesellschafter, sondern auch die Gesellschaft selbst. Inzwischen ist von der Rechtsprechung anerkannt, dass auch die GbR selbst Träger von Rechten und Pflichten sein und Vermögen haben kann, nicht nur die Gesellschafter.

Das bedeutet jedoch nicht, dass die Haftung gegenüber Dritten auf das bloße Gesellschaftsvermögen beschränkt, die Mithaftung der Gesellschafter also ausgeschlossen werden kann, etwa indem man eine Vertretung der Gesellschafter persönlich ausdrücklich ausschließt und dies auch nach außen so kommuniziert. Die Rechtsprechung hat solche Modelle nicht akzeptiert, vielmehr wird stets eine „akzessorische" Haftung der Gesellschafter wie bei der OHG oder KG (§§ 128, 161 Abs. 2 HGB) angenommen. Eine „GbR mit beschränkter Haftung" gibt es also nicht.

Beschlussfassung

Von Gesetzes wegen ist ein Beschluss der Gesellschafterversammlung erforderlich, wenn es um grundlegende Themen geht, wie:

- Entzug der Geschäftsführungsbefugnis, § 712 BGB
- Entzug der Vertretungsbefugnis, § 715 BGB
- Ausschluss eines Gesellschafters, § 737 BGB
- Änderung des Gesellschaftsvertrags
- Aufnahme von Gesellschaftern

Darüber hinaus kann der Gesellschaftsvertrag vorsehen, dass vor bestimmten Geschäftsführungsmaßnahmen ein Beschluss der Gesellschafterversammlung einzuholen ist. Bei Gesamtgeschäftsführung ist dies ohnehin erforderlich.

Ohne einen entsprechenden Beschluss ist die vorgenommene Maßnahme rechtswidrig. Gesellschafter, die mit der Maßnahme nicht einverstanden sind, können gerichtlich dagegen vorgehen (vgl. dazu Kapitel 5).

Zur Stimmabgabe ist grundsätzlich jeder Gesellschafter berechtigt. Allerdings kann im Gesellschaftsvertrag das Stimmrecht eines Gesellschafters ausgeschlossen werden. Ist ein Gesellschafter von der Geschäftsführung ausgeschlossen, darf er über eine Angelegenheit der Geschäftsführung auch nicht mitbestimmen. Nicht genommen werden kann ihm jedoch sein Stimmrecht bei sogenannten Grundlagengeschäften, welche den Kern seiner gesellschaftsrechtlichen Beteiligung berühren, zum Beispiel eine Änderung des Gesellschaftszwecks. Schließlich haftet der Gesellschafter auch mit seinem persönlichen Vermögen für Schulden der Gesellschaft, so dass eine Änderung gegen seinen Willen nicht zu rechtfertigen wäre.

2

Ausschluss vom Stimmrecht

Ausnahmsweise kann ein Gesellschafter gesetzlich vom Stimmrecht ausgeschlossen sein, es trifft ihn ein „Stimmverbot". Das ist beispielsweise der Fall, wenn es um Maßnahmen gegen einen Gesellschafter geht, die aus wichtigem Grund gegen ihn getroffen werden (das Verbot des „Richtens in eigener Sache").

Beispiel: _____

Es ist eine Entscheidung zu treffen, ob die Gesellschaft einen Vertrag mit dem Gesellschafter abschließen soll. Es liegt auf der Hand, dass der betroffene Gesellschafter hier befangen wäre und deshalb nicht erwartet werden kann, dass er sein Abstimmungsrecht objektiv nach den Interessen der Gesellschaft ausrichten würde. Deshalb darf der betroffene Gesellschafter nicht mitstimmen.

Vertretung bei der Beschlussfassung

Bei der Stimmrechtsausübung kann sich ein Gesellschafter vertreten lassen. Das geht allerdings nur, wenn die übrigen Gesellschafter ihre Zustimmung erteilen oder dies bereits im Gesellschaftsvertrag vorgesehen ist.

Eine unwiderrufliche Vollmacht unter Verzicht auf persönliche Rechtsausübung würde gegen das sogenannte Abspaltungsverbot verstoßen. Das heißt, das Stimmrecht kann nicht völlig von der

Gesellschafterstellung abgekoppelt werden. Das Abspaltungsverbot soll das mitgliedschaftliche Selbstbestimmungsrecht des Gesellschafters sichern.

Stimmbindungsverträge

2

Dennoch sind Stimmbindungsverträge, in denen sich ein Gesellschafter verpflichtet, auf bestimmte Weise abzustimmen, nicht per se unzulässig. Rechtlich unbedenklich sind diese, soweit es nur um bestimmte, einzelne Beschlussgegenstände geht. Anders wäre dies jedoch bei einem sehr umfassenden Stimmbindungsvertrag zu beurteilen, da auch in diesem Fall das mitgliedschaftliche Selbstbestimmungsrecht des Gesellschafters übermäßig eingeschränkt würde.

Auch ein Stimmenpool verpflichtet die Gesellschafter zu einer einheitlichen Stimmabgabe. Dieses Modell ist zulässig, da den Gesellschaftern die Möglichkeit, auf die Stimmbildung Einfluss zu nehmen, verbleibt. Außerdem kann eine Poolvereinbarung gekündigt werden.

Stimmabgabe

Grundsätzlich kann jeder Gesellschafter – von Stimmbindungsverträgen abgesehen – so abstimmen, wie er es für richtig hält. Im Einzelfall kann jedoch die gesellschaftsrechtliche Treuepflicht dazu führen, dass nur eine bestimmte Stimmrechtsausübung rechtmäßig erscheint. In diesem Fall muss der Gesellschafter auch in diesem Sinne sein Stimmrecht ausüben, wenn er keine gewichtigen Gründe hat, die dagegen sprechen. Beispiel wäre der Abschluss eines für die Gesellschaft überlebenswichtigen Geschäfts. Es kann so weit gehen, dass der Gesellschafter an einer Änderung sogar des Gesellschaftsvertrags mitwirken oder den Eintritt neuer Gesellschafter dulden muss. Beitragserhöhungen wären jedoch nur in engsten Ausnahmefällen zustimmungspflichtig, da das Gesetz eine unfreiwillige Beitragserhöhung an sich nicht vorsieht, § 707 BGB.

Mehrheitserfordernisse/Einstimmigkeit

Das Gesetz geht in § 709 Abs. 1 BGB von einer einstimmigen Beschlussfassung aus. Dies wird oftmals nicht praktikabel sein. Deshalb sollte bereits im Gesellschaftsvertrag festgelegt werden, ob und ggf. auch für welche Beschlussgegenstände stattdessen das Mehrheitsprinzip gelten soll. Auch die Frage, ob nach Köpfen oder der Höhe der kapitalmäßigen Beteiligung abgestimmt werden soll, ist dann regelungsbedürftig.

Das Mehrheitsprinzip kann bereits im Gesellschaftsvertrag sogar für Beschlussgegenstände, die den Kernbereich der Mitgliedschaft (z. B. eine Nachschusspflicht oder die Bedingungen zum Eintritt neuer Gesellschafter) berühren, vereinbart werden: Mit Unterzeichnung des Gesellschaftsvertrags hat der Gesellschafter seine Zustimmung vorab erteilt.

Bei der Abfassung ist jedoch erhöhte Vorsicht geboten, da nur sorgfältig formulierte Klauseln dieses Ziel erreichen. Bei Unklarheiten in der Formulierung besteht die Gefahr der Unwirksamkeit. Es kann dann nicht von einer antizipierten Zustimmung aller Gesellschafter ausgegangen werden. In solchen Fällen kommt es dann darauf an, ob der betroffene Gesellschafter unter dem Gesichtspunkt der Treuepflicht zur Zustimmung verpflichtet oder ob ihm ein Eingriff in den Kernbereich seiner Mitgliedschaftsrechte nicht zumutbar ist.

Beschlussmängel

Beschlussmängel können sich aus inhaltlichen oder formellen Gründen ergeben.

Inhaltliche Mängel sind beispielsweise Verstöße gegen die Treuepflicht oder den Gleichbehandlungsgrundsatz (vgl. Seite 20 f.).

> **Beispiel:** _____
>
> Nichtig wäre ein Beschluss, wonach nur einzelne Gesellschafter zu einem Sonderopfer für die Gesellschaft verpflichtet werden sollen.

Hinsichtlich Verfahrensfehler gilt Folgendes: Von Gesetzes wegen ist keine bestimmte Verfahrensweise vorgeschrieben. Es können deshalb an sich auch konkludent, das heißt durch schlüssiges Verhalten, Beschlüsse gefasst werden. Allerdings wird der Gesellschaftsvertrag oftmals ein bestimmtes Verfahren vorschreiben (z. B. Ladungsfristen). Die vereinbarten Regeln müssen eingehalten werden. Allerdings ist es auch denkbar, dass die Gesellschafter diese Regeln einvernehmlich durch jahrelange andere Übung bereits konkludent abbedungen haben!

Für Publikumsgesellschaften sind die Hürden für eine Beschlussfassung allerdings höher: Zum Schutz der Beteiligten wird vermutet, dass keine Abänderung des Gesellschaftsvertrags vorgenommen wurde, solange dies nicht schriftlich festgehalten wurde. Das ist auch sinnvoll, da ansonsten die Gesellschafter kaum eine Chance hätten, von den Änderungen überhaupt Kenntnis zu nehmen.

2

Beispiel:

Verfahrensfehler wären grundsätzlich eine unvollständige Ladung ohne präzise Angabe der Tagesordnungspunkte oder das Mitzählen ausgeschlossener Stimmen und umgekehrt ein rechtswidriger Stimmrechtsausschluss.

Solche Verfahrensfehler führen jedoch nur dann zur Nichtigkeit des gefassten Beschlusses, wenn dieser auf dem Verfahrensfehler beruht.

Beispiel:

Das ist nicht der Fall, wenn zwar eine Stimme fehlerhaft mitgezählt wurde, aber auch ohne diese Stimme die erforderliche Mehrheit zustande gekommen ist.

Informationsrechte

Informationsrechte stehen sowohl der Gesellschaft selbst gegen den geschäftsführenden Gesellschafter (§ 713 i. V. m. § 666 BGB) als auch den Gesellschaftern gegen die Gesellschaft zu, § 716 BGB.

Bei der Geltendmachung ist zu berücksichtigen, dass eine ständige Einmischung von Gesellschaftern, die keine Geschäftsführungsaufgaben wahrnehmen, in die Geschäftsführung vom Gesetz nicht vorgesehen ist. Da die Erteilung von Auskünften und eine eventuelle zusätzliche Rechnungslegung mit erheblichem Aufwand verbunden sind, wird bei gesellschaftsrechtlichen Auseinandersetzungen auf diesem Gebiet oftmals ein ebenso aufwändiger Nebenkriegsschauplatz eröffnet.

Vermögen der Gesellschaft

Die GbR kann selbst Vermögen besitzen, das sogenannte Gesamthandsvermögen. Dazu zählen beispielsweise die erbrachten Beiträge der Gesellschafter oder durch die Geschäftsführung erworbenes Vermögen.

Ein eigenes Gesamthandsvermögen fehlt regelmäßig bei sogenannten Innengesellschaften. Das sind Gesellschaften, die nach außen nicht in Erscheinung treten. Wenn ein solcher Gesellschafter im Interesse der Innengesellschaft tätig wird, tut er dies im eigenen Namen. Innengesellschaften sind zum Beispiel die Stille Gesellschaft (§ 230 HGB) oder die Unterbeteiligung. Auch zwischen Ehegatten oder nichtehelichen Partnern kommt diese Gesellschaftsform häufig vor.

2

Rechts- und Parteifähigkeit

Mittlerweile ist anerkannt, dass die GbR bezüglich ihres Gesamthandsvermögens selbst Trägerin von Rechten und Pflichten sein kann. Sie kann Grundstücke erwerben und veräußern (§ 899a BGB) und selbst wiederum Mitglied einer anderen Gesellschaft sein. Bei der Eintragung in die entsprechenden Register (Grundbuch bzw. Handelsregister) sind jedoch Besonderheiten zu beachten, da die GbR als solche nicht in ein Unternehmensregister eingetragen wird und somit für einen Außenstehenden nicht erkennbar ist, wer Mitglied der GbR ist. Einzutragen sind deshalb nicht nur die GbR, sondern auch die dahinterstehenden Gesellschafter (vgl. § 47 GBO, § 15 GBV für das Grundbuch).

Wichtig: Wer aus der Gesellschaft ausscheidet, muss auch für die Löschung seines Namens aus dem Handelsregister sorgen, da ansonsten seine weitere Haftung aus Rechtsscheingrundsätzen droht, § 15 HGB!

Die GbR ist vor Gericht parteifähig, das heißt sie kann selbst klagen und verklagt werden, nicht nur die dahinter stehenden Gesellschafter.

Bei einer Zwangsvollstreckung gegen eine GbR muss ggf. eine Titelumschreibung erfolgen, wenn zwischenzeitlich ein Gesellschafterwechsel stattgefunden hat (§§ 736, 727 ZPO analog).

Über das Vermögen einer GbR kann auch ein Insolvenzverfahren geführt werden, § 11 Abs. 2 Nr. 1 InsO.

Haftung

Gesellschafterhaftung

Für die Verbindlichkeiten der Gesellschaft haften analog § 128 HGB neben der Gesellschaft auch die Gesellschafter persönlich und unbeschränkt.

2 Eine Haftungsbeschränkung müsste mit dem Vertragspartner konkret vereinbart werden. Der bloße Zusatz bei der Gesellschaftsbezeichnung (etwa „mbH", „mit beschränkter Haftung" o. Ä.) oder eine Klausel in den allgemeinen Geschäftsbedingungen führen nicht zur gewünschten Haftungsbeschränkung: Letztere scheitert an § 307 Abs. 2 Nr. 1 BGB, der eine Abweichung von wesentlichen Grundgedanken der gesetzlichen Regelung verbietet. Eine Beschränkung der Vertretungsmacht der geschäftsführenden Gesellschafter dahingehend, dass diese nur berechtigt sein sollen, eine Verpflichtung der Gesellschaft herbeizuführen, wäre ein unzulässiger Umgehungsversuch der gesetzlich vorgeschriebenen Haftungsverfassung. Die Gesellschafter müssen, wenn sie eine persönliche Haftung generell ausschließen wollen, auf andere Rechtsformen zurückgreifen, zum Beispiel auf die GmbH.

Wird ein Gesellschafter in Anspruch genommen, kann er neben persönlichen Einwendungen (z. B. eine individuell vereinbarte Stundung speziell für diesen Gesellschafter) auch diejenigen geltend machen, die der Gesellschaft gegen den Anspruch zustehen, § 129 Abs. 1 HGB. Zudem kann er von der Gesellschaft ggf. Erstattung oder Freistellung verlangen, § 110 HGB analog. Erst wenn dies nicht möglich ist, besteht noch ein Ausgleichsanspruch nach Quoten gemäß § 426 BGB gegen die übrigen Gesellschafter. Die individuelle Quote des jeweiligen Gesellschafters richtet sich nach seinem Verlustanteil und – bei einem schuldhaften Verhalten eines Gesellschafters – auch nach § 254 BGB. Das heißt, sein Verschulden wird angemessen bei der Schadensverteilung gewürdigt.

Ein Gesellschafter haftet nicht nur für Verbindlichkeiten der Gesellschaft, auch schuldhaftes Verhalten von Mitgesellschaftern muss er sich unter Umständen zurechnen lassen, § 31 BGB.

Beispiel: ───────────────────────────────

Der Gesellschafter lässt sich beim Beitritt neuer Gesellschafter von einem Mitgesellschafter vertreten. Dabei macht dieser falsche Angaben zur Gesellschaft.

Haftung der Gesellschaft

Neben der vertraglichen Haftung für Verbindlichkeiten der Gesellschaft haftet diese auch für Schäden, die Gesellschafter einem Dritten in Ausübung ihrer Geschäftsführertätigkeit zufügen, § 31 BGB analog.

Auch für diese Ansprüche gegen die Gesellschaft haften nach der Rechtsprechung daneben alle Gesellschafter, somit auch diejenigen, die mit der Schadenszufügung nichts zu tun hatten! Allerdings ist diese Ansicht umstritten.

2

Gewinnanspruch

Neben dem bereits erwähnten Aufwendungsersatzanspruch steht den Gesellschaftern selbstverständlich (bei Gesellschaften von längerer Dauer jeweils am Schluss des Geschäftsjahres, sonst erst nach Auflösung der Gesellschaft) ein Anspruch auf Auszahlung des Gewinnanteils zu, § 721 BGB (bei Gesellschaften von längerer Dauer jeweils am Schluss des Geschäftsjahres, sonst erst nach Auflösung der Gesellschaft).

Beitritt

Zum Beitritt neuer Gesellschafter ist prinzipiell die Zustimmung aller Gesellschafter erforderlich, da es sich um eine Änderung des Gesellschaftsvertrags handelt: Es kommt ein neuer Vertragspartner hinzu. Allerdings kann der Gesellschaftsvertrag auch etwas anderes vorsehen.

Die Altgesellschafter haften dem Beitretenden für die Richtigkeit ihrer Angaben über die Verhältnisse der Gesellschaft. Dabei kann es auch zu einer Verschuldenszurechnung zulasten von Gesellschaftern kommen, die an den Beitrittsverhandlungen gar nicht beteiligt waren, § 31 BGB analog. Stellt ein Gesellschafter die Gesellschaft in einem besseren Licht dar, als es die Realität rechtfertigt, muss sich also auch ein Gesellschafter, der sich nur vertreten lässt, diese Aussagen zurechnen lassen. Der Beitretende hat dann auch gegen diesen Gesellschafter einen Schadensersatzanspruch aus §§ 311 Abs. 2, 280 BGB. Lediglich bei größeren Gesellschaften, insbesondere bei Publikumsgesellschaften, bei denen die Beteiligten standardmäßig von einem Treuhänder vertreten werden, wird die Zurechnung von der Rechtsprechung verneint, da hier der Vertretene als nicht weniger schutzwürdig erscheint als der Beitretende.

Der Beitritt hat zur Folge, dass dem Beitretenden automatisch sein Anteil am Gesamthandsvermögen „anwächst". Demgegenüber steht eine anteilige „Abwachsung" bei den Altgesellschaftern. Eine gesonderte Übertragung von Gesellschaftsvermögen ist nicht erforderlich.

Der neue Gesellschafter haftet für Altschulden der Gesellschaft gemäß § 130 HGB. Eine anderslautende Vereinbarung wäre den Gläubigern gegenüber unwirksam.

Ausscheiden

Eine einvernehmliche Vereinbarung über das Ausscheiden zwischen den Gesellschaftern ist jederzeit möglich.

Kündigt ein austrittswilliger Gesellschafter den Gesellschaftsvertrag einseitig auf, § 723 BGB, führt dies nach dem Gesetz prinzipiell zur Auflösung der Gesellschaft. Ist dies nicht gewollt, sollte bereits im Gesellschaftsvertrag eine entsprechende Vereinbarung aufgenommen werden, § 736 Abs. 1 BGB. Das vermeidet spätere Streitigkeiten zwischen ehemaligen und fortsetzungswilligen Gesellschaftern. Ein austretender Gesellschafter hat möglicherweise ein Interesse, die Gesellschaft als Mitbewerberin zu verdrängen.

Wollen Gesellschafter hingegen einen „lästigen" Gesellschafter von der Gesellschaft ausschließen, muss für ein solches „Hinauskündigen" ein wichtiger Grund vorliegen, §§ 737, 723 Abs. 1 Satz 2 BGB. Außerdem setzt dies per se eine Fortsetzung der Gesellschaft voraus. Ein wichtiger Grund liegt vor, wenn die Fortsetzung den übrigen Gesellschaftern zusammen mit dem gekündigten Gesellschafter nicht zumutbar ist, etwa weil ansonsten das Erreichen des Gesellschaftszwecks gefährdet wäre oder bei erheblichen Streitigkeiten untereinander.

Der Gesellschaftsvertrag kann jedoch noch weitere Ausschlussgründe vorsehen. Diese müssen geeignet sein, einen Ausschluss sachlich zu rechtfertigen. Mit dieser Einschränkung der Vertragsfreiheit möchte die Rechtsprechung einer Willkürherrschaft einzelner Gesellschafter vorbeugen. Von Relevanz ist in diesem Zusammenhang auch, ob und in welcher Höhe der ausgeschlossene Gesellschafter eine Abfindung für den Verlust seiner Beteiligung erhält und wie der Beschluss zustande gekommen ist. Ein Alleinentscheidungsrecht eines einzelnen Gesellschafters wird eher für die Unwirksamkeit der Ausschlussklausel sprechen, als wenn eine Mitwirkung aller verbleibenden Gesellschafter vorgesehen ist.

Mit dem Ausscheiden verliert der Gesellschafter seinen Anteil am Gesamthandsvermögen, dieser wächst den übrigen Gesellschaftern zu, § 738 Abs. 1 Satz 1 BGB. Er erhält jedoch einen Abfindungsanspruch, der anhand einer Abfindungsbilanz zu ermitteln ist, § 738 Abs. 1 Satz 2 BGB. Hierbei sind stille Reserven aufzulösen und ein eventuell vorhandener „good will" angemessen zu berücksichtigen. Ein isolierter Anspruch auf einzelne Aktivposten besteht jedoch nicht.

2

Außerdem hat der ausscheidende Gesellschafter einen Anspruch auf Befreiung von den gemeinschaftlichen Schulden, § 738 Abs. 1 Satz 2 BGB. Nach außen erlischt die Haftung gemäß § 736 Abs. 2 BGB i. V. m. § 160 HGB erst fünf Jahre ab Kenntnis des Gläubigers vom Ausscheiden des Gesellschafters. Diese Enthaftung tritt nicht ein bei Ansprüchen, die innerhalb des Fünfjahreszeitraums fällig geworden und entweder anerkannt oder gerichtlich geltend gemacht worden sind.

Übertragung von Mitgliedschaftsrechten

Soll ein Mitgliedschaftsrecht übertragen werden, ist ein Austritt des Altgesellschafters und ein darauf folgender Eintritt des Neugesellschafters nicht unbedingt sachgerecht.

Eine direkte Übertragung der Mitgliedschaft ist möglich, jedoch nur, wenn der Gesellschaftsvertrag dies vorsieht oder alle Gesellschafter ihre Zustimmung erteilen. Aufgrund der engen persönlichen Verbundenheit der Mitglieder in der Personengesellschaft ist eine freie Übertragung nicht vorgesehen.

Die Übertragung an sich ist formfrei und erfolgt durch Abtretung, §§ 413, 398 BGB. Jedoch bedarf unter Umständen das zugrunde liegende Verpflichtungsgeschäft der Form (z. B. bei einer Schenkung), § 518 BGB. Ein formnichtiges Verpflichtungsgeschäft begründet keinen Anspruch auf Erfüllung, § 125 BGB. Ein etwaiger Formmangel wird bei der Schenkung jedoch durch Vollziehung der Schenkung geheilt, § 518 Abs. 2 BGB.

Der neue Gesellschafter rückt in die Position des Altgesellschafters ein. Für noch offene Beitragsschulden des Altgläubigers haftet der Neugläubiger jedoch nur bei entsprechender Vereinbarung.

Hier sollte im Bedarfsfall an eine entsprechende Regelung gedacht werden.

Ob auch Verwaltungsrechte wie die Geschäftsführungsbefugnis auf den Neugesellschafter übergehen, ist anhand des Gesellschaftsvertrags zu ermitteln. Soweit diese an die individuelle Person gebunden sein sollten, findet kein Übergang statt.

2

Der ausscheidende Gesellschafter erhält keine Abfindung! Er hat seine Beteiligung an einen Dritten veräußert und hatte hierbei die Möglichkeit, den Wert seiner Beteiligung zu realisieren.

Mit dem Ausscheiden verliert der Altgesellschafter auch seine Möglichkeit, Aufwendungsersatz nach § 110 HGB analog von der Gesellschaft zu erhalten. Das kann relevant werden, wenn noch Gesellschaftsschulden vorhanden sind, für die der Altgesellschafter weiter haftet. Auch wenn unter Umständen ein Ausgleichsanspruch nach § 426 BGB besteht, sollte bei einer Übertragung genau geregelt werden, wer für Verbindlichkeiten der Gesellschaft oder noch offene Forderungen der Gesellschaft an den Altgesellschafter aufzukommen hat. Eventuell wären Freistellungs- und Erstattungsklauseln sowohl im Verhältnis gegenüber dem Erwerber als auch der Gesellschaft aufzunehmen.

Tod eines Gesellschafters

Das Gesetz sieht an sich vor, dass die Gesellschaft bei Tod eines Gesellschafters aufgelöst wird, § 727 Abs. 1 BGB. Der Gesellschaftsvertrag kann jedoch eine andere Regelung vorsehen. Gerade für unternehmerisch tätige Gesellschaften wird eine Auflösung nicht sinnvoll sein. Folgende Gestaltungsvarianten sind denkbar:

Fortsetzung unter den übrigen Gesellschaftern

Die Erben erhalten einen Abfindungsanspruch entsprechend den Regeln zum Austritt eines Gesellschafters. Der Anteil des verstorbenen Gesellschafters wächst den Anteilen der Altgesellschafter an. Es ist jedoch auch möglich, im Gesellschaftsvertrag den Abfindungsanspruch der Erben auszuschließen.

Fortsetzung mit den Erben des verstorbenen Gesellschafters (Nachfolgeklausel)

Sind mehrere Erben vorhanden – es liegt eine Erbengemeinschaft vor –, soll nach der Rechtsprechung mit Rücksicht auf die Funktionsfähigkeit der GbR im Rechtsverkehr jedoch nicht die Erbengemeinschaft als solche Gesellschafter werden. Vielmehr werden die Erben jeder für sich nach den jeweiligen Quoten beteiligt. Schwierigkeiten können auftauchen, wenn zugleich eine Testamentsvollstreckung angeordnet wird, da dann die gesellschaftsrechtliche Stellung der Erben mit den Befugnissen des Testamentsvollstreckers harmonisiert werden muss, um Kompetenzkonflikte zu vermeiden. Hier sollten sich die Gesellschafter rechtzeitig beraten lassen, um die für sie optimale Lösung zu finden.

2

Fortsetzung nur mit bestimmtem Erben (qualifizierte Nachfolgeklausel)

Es entsteht kein Abfindungsanspruch der nicht zum Zuge gekommenen Miterben gegen die Gesellschaft. Schließlich ist der Gesellschaftsanteil auch nicht den übrigen Gesellschaftern angewachsen. Der Ausgleich findet zwischen den Erben nach erbrechtlichen Regeln statt.

Fortsetzung mit Eintrittsklausel

Mit dieser Gestaltungsmöglichkeit wird einer Person, die zwar auch Erbe sein kann, aber nicht muss, die Möglichkeit eingeräumt, bei Tod eines Gesellschafters in die Gesellschaft einzutreten. In diesem Fall muss im Gesellschaftsvertrag bestimmt werden, dass die Gesellschaft mit dem Tod nicht aufgelöst, sondern fortgesetzt wird und dass eine bestimmte Person ein Eintrittsrecht haben soll. Diese Abrede stellt einen Vertrag zugunsten Dritter dar, § 328 Abs. 1 BGB. Ein Abfindungsanspruch entsteht jedoch prinzipiell für die Erben, dieser gehört zum Nachlass.

Übertragung des Gesellschaftsanteils bereits zu Lebzeiten, aufschiebend bedingt durch den Tod des Gesellschafters durch Vertrag mit dem Begünstigten

Es ist die Zustimmung der übrigen Gesellschafter erforderlich, die sich bereits aus dem Gesellschaftsvertrag ergeben oder auch nachträglich erteilt werden kann.

Diese kurze Darstellung verdeutlicht, dass die Gestaltungsmöglichkeiten äußerst vielgestaltig sind. Welche Regelung den Bedürfnissen der Gesellschafter am besten gerecht wird, kann nur für den konkreten Einzelfall beurteilt werden. Die gesetzliche Regelung dürfte nur in den seltensten Fällen den Bedürfnissen der Gesellschafter und der Gesellschaft gerecht werden.

Fehlerhafte Gesellschaft

2

Fehler bei Gründung

Eine Gesellschaftsgründung kann aus den verschiedensten Gründen unwirksam sein, etwa wegen eines Gesetzesverstoßes, § 134 BGB, einer Anfechtung wegen Willensmängeln oder aus Formfehlern. Auch die Nichtigkeit einzelner Klauseln kann zur Nichtigkeit des gesamten Gesellschaftsvertrags führen, § 139 BGB. Den Gesellschaftern ist die Unwirksamkeit vielleicht gar nicht bewusst und sie beginnen mit der Aufnahme der Geschäftstätigkeit. Stellt sich später die Nichtigkeit der Gründung heraus, wäre eine Rückabwicklung für die „Gesellschafter" nicht sachgerecht. Auch für die Vertragspartner der „Scheingesellschaft", die auf den Bestand der Gesellschaft vertraut haben, wäre es unzumutbar, wenn diese sich plötzlich „in Luft auflösen" würde und unklar bliebe, wer für ihre Forderungen aufkommt.

Deshalb wird eine einmal in Vollzug gesetzte Gesellschaft so behandelt, als wäre sie wirksam gegründet worden, auch wenn das nicht der Fall ist. Invollzugsetzung bedeutet, dass die Gesellschaft nach außen im Rechtsverkehr aufgetreten ist. Voraussetzung ist, dass die Gründung überhaupt von den Beteiligten gewollt war, wenngleich eventuelle Willensmängel vorgelegen haben können.

Will ein Gesellschafter sich auf die Unwirksamkeit der Gründung berufen, muss er den Gesellschaftsvertrag aus wichtigem Grund kündigen, § 723 Abs. 1 Satz 2 BGB. Unter Umständen kann die Treuepflicht eine Fortsetzung gebieten.

Bei Publikumsgesellschaften besteht lediglich ein Austrittsrecht.

Es gibt jedoch Ausnahmen von der Regel über die fehlerhafte Gesellschaft, wenn höherrangige schutzwürdige Interessen durch die gesetzeswidrige Gesellschaftsgründung tangiert sind. Dann kann die Gesellschaft nicht als wirksam behandelt werden. Beispiel wäre eine Gesellschaftsgründung durch einen Vertreter ohne Wissen und

Wollen des Vertretenen, w
außen gesetzt hat. Andere *7. Gesellschaft bürgerlichen Rechts*
Zusammenschluss, beispielsweise
rechtlichen Gründen.

Auch wenn minderjährige oder sonstige i
beschränkte Gesellschafter beteiligt sind, ge
Personengruppe vor. Wie dieser zu verwirklichen i
stritten. War der Minderjährige nicht wirksam vertr
die Rechtsprechung dazu, lediglich den Beitritt des Mind
als unwirksam, die Gesellschaft jedoch im Übrigen als wirks
behandeln. Nach anderer Ansicht soll ihm ein Austrittsrecht
gebilligt werden. Teilweise wird auch vertreten, der Minderjährige
habe zwar Anspruch auf die Vorteile der Gesellschaft, insbesondere
einen Anspruch auf Gewinnbeteiligung, jedoch hafte er nicht für
Verbindlichkeiten (sog. hinkende Beteiligung).

Weiß derjenige, der Forderungen gegen die fehlerhafte Gesellschaft geltend macht, von der Unwirksamkeit, kann er sich ebenfalls
nicht auf die Grundsätze der fehlerhaften Gesellschaft berufen,
er ist nicht schutzwürdig. Ihm kann die Arglist-Einrede entgegengehalten werden.

Fehlerhafter Gesellschafterwechsel

Bei einem fehlerhaften Gesellschafterwechsel gelten ebenfalls die
Grundsätze über die fehlerhafte Gesellschaft entsprechend, soweit
der Wechsel in Vollzug gesetzt wurde. Das heißt in diesem Fall,
dass der Wechsel zurechenbar nach außen dokumentiert wurde.
Der fehlerhaft Beigetretene kann für die Zukunft ausgeschlossen
werden oder kündigen.

Kündigung und Auflösung

Kündigung durch Gesellschafter

Ist die Gesellschaft nicht für eine bestimmte Zeit eingegangen, so
kann sie jederzeit von einem Gesellschafter gekündigt werden,
§ 723 Abs. 1 Satz 1 BGB. Er benötigt hierfür nach dem Gesetz
weder einen Grund noch muss er eine Frist einhalten. Insbesondere Letzteres berücksichtigt nicht angemessen die Interessen der
übrigen Gesellschafter. Im Gesellschaftsvertrag wird deshalb in der
Regel eine Kündigungsfrist vereinbart. Diese darf allerdings nicht
zu lange bemessen sein. § 723 Abs. 3 BGB verbietet Regeln, die das

...lichen Vorschriften
...essen ist, hängt vom
...st im Laufe der Zeit eine
...rzunehmen. Ist die Frist zu
...beendigt werden, es sei denn, aus
...estdauer.

Kündigungsrecht ausschlie...
zuwider beschränken... andere Verpflichtungen der Gesell-
konkreten Einzelf... mit ihrem Ausscheiden einen Verstoß
Anpassung a... ...darstellen und unwirksam sein.

lange... eine Regelung, die den Abfindungsanspruch
...denden zu sehr beschneidet.

Aus ...tigem Grund kann der Gesellschaft jederzeit auch ohne Einhaltung einer Frist gekündigt werden. Gleiches gilt für Gesellschaften, die für eine von vorneherein festgelegte Dauer errichtet wurden. Solche Gesellschaften können vorzeitig ausschließlich aus wichtigem Grund oder nur einvernehmlich aufgelöst werden. Ein wichtiger Grund wäre zum Beispiel eine wesentliche vorsätzliche oder grobfahrlässige Vertragspflichtverletzung durch einen anderen Gesellschafter, § 723 Abs. 1 Nr. 1 BGB, oder wenn ein minderjähriger Gesellschafter das 18. Lebensjahr vollendet, § 723 Abs. 1 Nr. 2 BGB. Das Gesetz ist hier jedoch nicht abschließend. Entscheidend ist, dass die Fortsetzung dem kündigenden Gesellschafter nicht bis zur nächsten ordentlichen Beendigungsmöglichkeit zumutbar ist.

Die Kündigung hat nach dem Gesetz prinzipiell die Auflösung der Gesellschaft zur Folge. Im Gesellschaftsvertrag kann jedoch die Fortsetzung unter den verbleibenden Gesellschaftern vereinbart werden, § 736 BGB, der Kündigende scheidet dann aus. Diese Fortsetzungsvereinbarung kann auch noch später bis zum Abschluss der Auseinandersetzung getroffen werden.

Grundsätzlich sind an einer solchen, nachträglichen Vereinbarung alle Gesellschafter – auch der Ausscheidende – zu beteiligen. Dieser kann jedoch unter dem Gesichtspunkt der Treuepflicht gehalten sein, der Fortsetzung zuzustimmen, wenn die Gesellschaft fortsetzungswürdig ist und er kein schützenswertes Interesse an der Auflösung hat. Dem Ausscheidenden ist jedoch eine angemessene Abfindung zuzubilligen. Dieser Abfindungsanspruch darf nicht völlig ausgeschlossen werden. Eine solche Klausel wäre wegen sittenwidriger Benachteiligung als unwirksam einzustufen.

Kündigung durch Gläubiger

Ein Privatgläubiger eines Gesellschafters kann in dessen Gesamthandsanteil vollstrecken, § 858 ZPO. Er ist dann befugt, die Gesellschaft ohne Einhaltung einer Kündigungsfrist zu kündigen, § 725 BGB, sofern der Titel (in der Regel das Urteil oder der Vollstreckungsbescheid) nicht nur vorläufig vollstreckbar ist. Solange die Gesellschaft besteht, erhält er den Gewinnanteil und nach der Kündigung das Auseinandersetzungsguthaben. In einzelne Vermögensgegenstände der Gesellschaft kann ein Gläubiger des Gesellschafters jedoch nicht vollstrecken. Verwaltungsrechte erhält er ebenfalls nicht.

Viele Gesellschaftsverträge sehen vor, dass im Falle der Vollstreckung der betroffene Gesellschafter aus der Gesellschaft ausscheidet. Damit soll der Fortbestand der Gesellschaft sichergestellt werden. Zugleich kann der dadurch entstehende Abfindungsanspruch beschränkt werden, zum Beispiel auf den Buchwert. Besondere Bedeutung kommt bei der Wirksamkeitskontrolle von Abfindungsklauseln dem Gläubigerschutz zu: Eine geringere Abfindung speziell für den Fall der Anteilspfändung könnte vor Gericht wegen Gläubigerbenachteiligung kaum Bestand haben.

Sonstige Auflösungsgründe

- Auflösungsbeschluss

  Die Gesellschafter können jederzeit einstimmig die Auflösung beschließen. Eine Mehrheitsklausel im Gesellschaftsvertrag greift nur dann ein, wenn sich diese auch ausdrücklich auf die Auflösung und nicht auf die bloße Abänderung des Vertrags bezieht.

- Zeitablauf, Zweckerreichung

  Die Gesellschaft endet auch, wenn der vereinbarte Zweck erreicht oder unmöglich geworden ist, § 726 BGB. Bei Streitigkeiten darüber, ob der Zweck noch erreicht werden kann, empfiehlt sich unter Umständen der Ausspruch einer außerordentlichen Kündigung.

2

- Auflösung durch Tod des Gesellschafters

  Sofern nichts anderes vereinbart ist, endet die Gesellschaft durch Tod eines Gesellschafters, § 727 BGB. Handelt es sich bei dem Gesellschafter seinerseits um eine Gesellschaft, gilt die Vorschrift nicht entsprechend beim Erlöschen der Gesellschaft, da es sich dann um eine eher anonymisierte Mitgliedschaft handeln dürfte, die nicht an konkrete Personen gebunden ist.

- Insolvenz der Gesellschaft oder eines Gesellschafters

  Die Gesellschaft wird durch Eröffnung eines Insolvenzverfahrens über das Vermögen der Gesellschaft oder eines Gesellschafters aufgelöst, § 728 BGB. Für den Fall der Insolvenz eines Gesellschafters kann auch im Gesellschaftsvertrag vereinbart werden, dass die Gesellschaft fortgesetzt wird und der insolvente Gesellschafter ausscheidet. Zur Abfindung gilt das oben Ausgeführte.

- Verbleiben nur noch eines Gesellschafters

  Da eine Personengesellschaft zwingend aus mehreren Personen bestehen muss, endet nach herrschender Meinung die Gesellschaft auch, wenn nur noch ein Gesellschafter übrig bleibt.

Auflösungsfolgen

Der Gesellschaftszweck wandelt sich bei Liquidation um in die Auseinandersetzung des Gesamthandsvermögens. Die werbende Gesellschaft wird zur Abwicklungsgesellschaft, § 730 BGB. Die Gesellschaft gilt nur insoweit als fortbestehend, wie dies die Abwicklung erfordert. Neue Geschäfte dürfen nur zu Abwicklungszwecken eingegangen werden, schwebende Geschäfte sind zu beenden, Gegenstände, die von Gesellschaftern der Gesellschaft überlassen wurden, sind zurückzugeben, § 732 BGB. Gemeinschaftliche Schulden sind zu begleichen, § 733 Abs. 1 BGB. Alle Gesellschafter müssen entsprechend ihrer Treuepflicht an der Abwicklung mitwirken. Ein etwaiger Überschuss ist entsprechend der Gewinnanteile an die Gesellschafter zu verteilen, § 734 BGB. Für Fehlbeträge gilt eine Nachschusspflicht nach Verlustanteilen. Ist von einem Gesellschafter sein Anteil nicht zu erlangen, haben die Übrigen entsprechend einzuspringen, § 735 BGB.

Die Gesellschafter können aber auch eine andere Art der Abwicklung, als das Gesetz es vorsieht, vereinbaren, zum Beispiel die Übernahme des Gesellschaftsvermögens durch einen Gesellschafter oder Dritten.

Versucht sich ein Gesellschafter bei der Abwicklung der Gesellschaft jedoch deren Vermögenswerte allein nutzbar zu machen, stellt dies einen Verstoß gegen seine nachwirkende Treuepflicht dar. Er macht sich unterlassungs- und schadensersatzpflichtig gegenüber den anderen Gesellschaftern.

Beendigung

Die Beendigung tritt erst mit vollständiger Abwicklung ein. Zwischen Auflösung und Beendigung liegt somit in der Regel ein gewisser Zeitraum.

2. Offene Handelsgesellschaft

Die Offene Handelsgesellschaft (OHG) ist eine eher im Mittelstand verbreitete Gesellschaftsform. Wegen der persönlichen Haftung der Gesellschafter und den beschränkten Möglichkeiten der Kapitalbeschaffung ist diese Gesellschaftsform für Unternehmen mit großem Kapitalbedarf und/oder großen Risiken weniger geeignet.

Begriff

Die OHG ist in den §§ 105 bis 160 HGB geregelt. Sie kann als „Schwester" der GbR bezeichnet werden. Nach § 105 Abs. 1 HGB ist die OHG eine Gesellschaft, deren Zweck auf den Betrieb eines Handelsgewerbes unter gemeinschaftlicher Firma gerichtet ist. Dabei ist bei keinem der Gesellschafter die Haftung persönlich begrenzt.

Die persönliche Haftung aller Mitglieder grenzt die OHG von der Kommanditgesellschaft (KG) und den juristischen Personen wie der GmbH und Aktiengesellschaft ab. Das bedeutet jedoch nicht, dass eine juristische Person, deren Haftung kraft Gesetzes beschränkt ist (z. B. eine GmbH), nicht Mitglied einer OHG sein könnte. Dies kann sie durchaus. Insofern ist der Wortlaut des § 105 Abs. 1 HGB etwas missverständlich.

Die OHG entsteht kraft Gesetzes, soweit deren Voraussetzungen vorliegen, das heißt wenn sich mehrere Personen zum Betrieb eines Gewerbes zusammentun, das die Einrichtung eines in kaufmännischer Weise eingerichteten Gewerbebetriebs erfordert, liegt eine OHG vor. Eine als GbR gegründete Gesellschaft kann also de jure als OHG einzustufen sein, auch wenn der Gesellschaftsvertrag ausdrücklich von einer GbR spricht.

Sie entsteht weiter durch Eintragung ins Handelsregister, wenn kein Handelsgewerbe vorliegt. Somit wird zum Beispiel auch Kleingewerbetreibenden oder einer Gesellschaft, die lediglich ihr eigenes Vermögen verwaltet, die Möglichkeit eröffnet, als OHG zu handeln. Lassen die Gesellschafter in diesem Fall die Gesellschaft wieder aus dem Handelsregister löschen, wird die OHG automatisch (wieder) zur GbR.

2

Weitere Voraussetzung ist das Betreiben des Handelsgewerbes unter gemeinschaftlicher Firma. Hierfür reicht es, wenn die Gesellschaft nach außen auftritt.

Handelsregistereintragung

Die OHG ist nach § 106 HGB ins Handelsregister einzutragen. Handelt es sich um ein Handelsgewerbe, ist die Eintragung nur deklaratorischer Natur. Nur wenn es sich um einen Fall des § 105 Abs. 2 HGB (vgl. oben) handelt, ist die Eintragung konstitutiv, das heißt die OHG entsteht erst mit der Eintragung.

Gesellschaftsvertrag

Genehmigungen

Bei der Gründung ist die Genehmigung des Familiengerichts zwingend einzuholen, wenn Minderjährige (§ 1822 Nr. 3 BGB) oder betreute Personen (§ 1908i BGB) Gesellschafter werden sollen. Im Übrigen gilt das zur GbR Ausgeführte (vgl. Seite 16 f.).

Beiträge, Haftung, Gleichbehandlung

Hierzu kann ebenfalls auf die Ausführungen zur GbR verwiesen werden (vgl. Seite 20 f., 26). Auch hier gilt über § 105 Abs. 3 HGB der Sorgfaltsmaßstab des § 708 BGB.

Wettbewerbsverbot

Ein Wettbewerbsverbot für die Gesellschafter ergibt sich bei der OHG nicht nur aus der Treuepflicht als solcher (wie dies bei der GbR der Fall ist), sondern unmittelbar aus dem Gesetz, §§ 112, 113 HGB. Hiernach darf ein Gesellschafter ohne Einwilligung der übrigen Gesellschafter weder in dem Handelszweig der Gesellschaft Geschäfte machen, noch sich an einer anderen, gleichartigen Handelsgesellschaft als persönlich haftender Gesellschafter beteiligen. Da ein Gesellschafter Kenntnisse über wichtige Interna der Gesellschaft hat, könnte er ansonsten der Gesellschaft enormen Schaden zufügen.

Allerdings können die übrigen Gesellschafter ihre Zustimmung erteilen. Wird über die Zustimmung im Beschlussverfahren abgestimmt, hat der Gesellschafter, der wettbewerblich tätig werden möchte, kein Stimmrecht.

2

Verstößt ein Gesellschafter gegen das Wettbewerbsverbot, macht er sich unterlassungs- und schadensersatzpflichtig. Außerdem kann die Gesellschaft verlangen, dass der Gesellschafter das mit dem Dritten eingegangene Geschäft als ein Geschäft der Gesellschaft gelten lässt. Der Gesellschafter bleibt dann zwar Vertragspartner des Dritten, er muss jedoch alles, was er aus dem Geschäft erlangt hat, an die OHG abführen, § 113 Abs. 1 HGB. Eventuelle Verluste treffen dann auch die OHG.

Inhaltskontrolle

Es gelten die Ausführungen zur GbR. Eine Inhaltskontrolle nach § 242 BGB (Treu und Glauben) zum Schutz von Beteiligten bei Publikumsgesellschaften spielt bei der OHG eine eher geringe Rolle, da diese Rechtsform hierfür wenig praktische Bedeutung hat.

Geschäftsführung

Anders als bei der GbR steht allen Gesellschaftern der OHG schon per Gesetz eine Einzelgeschäftsführungsbefugnis zu, §§ 114 Abs. 1, 115 Abs. 1 HGB. Die OHG ist also von der gesetzlichen Gestaltung her flexibler und handlungsfähiger als die GbR.

Die Geschäftsführungsbefugnis erstreckt sich auf alle Handlungen, die der Betrieb des Handelsgewerbes für gewöhnlich mit sich bringt. Für ungewöhnliche Geschäfte muss jedoch ein einstimmiger Beschluss aller Gesellschafter gefasst werden, § 116 Abs. 2 HGB. Dasselbe gilt für Grundlagengeschäfte (vgl. Seite 24, 27).

Außerdem steht auch bei gewöhnlichen Maßnahmen jedem geschäftsführungsbefugten Gesellschafter ein Widerspruchsrecht gegen Maßnahmen eines anderen Geschäftsführers zu, § 115 Abs. 1 HGB.

Allerdings können abweichende Regelungen im Gesellschaftsvertrag getroffen werden (§ 109 HGB).

Beispiel:

Einzelne Gesellschafter können von der Geschäftsführung ausgeschlossen oder es kann eine Gesamtgeschäftsführung angeordnet werden.

2

Auch eine Ressortbildung kann oftmals sinnvoll sein. Denkbar sind Zustimmungskataloge für bestimmte Geschäfte von besonderer wirtschaftlicher Bedeutung oder eine Festlegung von Widerspruchsrechten für bestimmte Fälle.

Bei der Vertragsgestaltung gelten jedoch dieselben Beschränkungen, was die Selbstorganschaft anbelangt, wie bei der GbR (vgl. Seite 22 bis 25). Eine unwiderrufliche Übertragung auf Dritte wäre nicht möglich, schließlich haften sie persönlich und unbeschränkt mit ihrem Privatvermögen für Schulden der Gesellschaft, § 128 HGB.

Die Befugnis zur Geschäftsführung kann einem Gesellschafter nur aus wichtigem Grund durch richterliches Urteil entzogen werden. Ein bloßer Beschluss der Gesellschafterversammlung reicht nicht aus, § 117 HGB. Ein wichtiger Grund liegt vor bei grober Pflichtverletzung oder Unfähigkeit. Bei einem einmaligen Fehlverhalten wird dies in der Regel nur zu bejahen sein, wenn Wiederholungsgefahr besteht. Andererseits kann bei einem unredlichen Verhalten auch schon ein konkreter Verdacht genügen. Den Antrag müssen alle übrigen Gesellschafter stellen. Weigert sich ein Gesellschafter daran mitzuwirken, obwohl die Treuepflicht dies gebietet, muss er seinerseits auf Mitwirkung verklagt werden.

Vertretung

Auch hier gilt, dass prinzipiell jeder Gesellschafter zur Vertretung der OHG ermächtigt ist, es sei denn, der Gesellschaftsvertrag sieht etwas anderes vor, § 125 Abs. 1 HGB. Es kann also auch insgesamt oder für einzelne Gesellschafter Gesamtvertretung vereinbart werden, § 125 Abs. 2 HGB. Auch gemischte Vertretungsmodelle kommen häufig vor, zum Beispiel zusammen mit einem Prokuristen. Bei der Fremdvertretung durch Nicht-Gesellschafter sind wieder die Grenzen der Selbstorganschaft zu beachten (vgl. Seite 22 bis 25).

Unzulässig wäre es deshalb, sich unwiderruflich an eine Vertretung durch einen Prokuristen zu binden.

Die Vertretungsmacht bezieht sich auf alle gerichtlichen wie außergerichtlichen Geschäfte und Rechtshandlungen einschließlich der Veräußerung und Belastung von Grundstücken sowie der Erteilung und des Widerrufs von Prokura, § 126 Abs. 1 HGB. Eine interne Beschränkung der Vertretungsmacht spielt im Außenverhältnis gegenüber Dritten keine Rolle, § 126 Abs. 2 HGB. Dieser hat von den internen Absprachen in der Regel keine Kenntnis. Sein Vertrauen auf die Vertretungsmacht ist deshalb schutzwürdig. Allerdings kann sich bei einem Missbrauch der Vertretungsmacht etwas anderes ergeben.

2

Ob die Vertretungsmacht auch die Veräußerung des gesamten Geschäftsbetriebs abdeckt, ist umstritten. Die Rechtsprechung hat dies verneint und eine Parallele zu § 179a AktG gezogen: dort steht ein Vertrag zur Übertragung des gesamten Gesellschaftsvermögens, die nicht unter das Umwandlungsgesetz fällt, unter dem Zustimmungsvorbehalt der Hauptversammlung. Eine solche Regelung findet sich in § 105 ff. HGB zur OHG nicht. Die Entscheidung ist insofern problematisch, da der Vertragspartner eventuell gar nicht weiß, dass es sich bei der Übertragung um das gesamte Gesellschaftsvermögen handelt.

Die Vertretungsmacht kann unter denselben Voraussetzungen gerichtlich entzogen werden wie die Geschäftsführungsbefugnis. Bei einer Klage ist zum einen auf einen Gleichlauf von Geschäftsführungsbefugnis und Vertretungsmacht zu achten, sonst kann es sein, dass ein Gesellschafter zwar nicht mehr geschäftsführungsbefugt ist, ihm aber nach außen die Vertretungsmacht verbleibt. Dann darf er zwar nach außen nicht mehr für die OHG handeln, ist rechtlich jedoch noch dazu in der Lage, mit der Folge, dass die Gesellschaft dennoch abgeschlossene Geschäfte mit Dritten gegen sich gelten lassen muss. Zum anderen ist der Entzug der Vertretungsmacht ins Handelsregister einzutragen, § 106 Nr. 4 HGB. Zwar ist die Eintragung nur deklaratorisch, ein Dritter, der nichts von der Entziehung der Vertretungsmacht weiß, kann sich jedoch auf den Rechtsschein der Richtigkeit und Vollständigkeit des Handelsregisters berufen, § 15 HGB.

2

Beschlussfassung

Ein Gesellschaftsbeschluss ist immer dann erforderlich, wenn es sich um ein Grundlagengeschäft handelt (vgl. Seite 24, 27), wenn der Gesellschaftsvertrag dies vorsieht oder es sich um eine außergewöhnliche Maßnahme nach § 116 Abs. 2 HGB handelt.

Ein außergewöhnliches Geschäft in diesem Sinne liegt beispielsweise vor, wenn die Gesellschaft damit ein erhebliches Risiko eingeht oder finanzielle Ressourcen derart gebunden werden, dass eine anderweitige Planung nicht mehr möglich ist. Investitionen von erheblicher Tragweite oder die Aufnahme von risikobelasteten Krediten, aber auch der Erwerb von Grundstücken können darunter fallen.

Hinsichtlich Stimmabgabe, Stimmberechtigung und Stimmverbote gilt das zur GbR Ausgeführte entsprechend (vgl. Seite 27 ff.).

Das Gesetz sieht vor, dass die Beschlussfassung prinzipiell einstimmig durch alle zur Mitwirkung berufenen Gesellschafter erfolgen soll. Eine Mehrheitsklausel im Gesellschaftsvertrag kann dies jedoch anders regeln, § 119 HGB.

Informationsrechte

Informationsrechte der OHG

Es gelten gemäß § 105 Abs. 2 HGB die Vorschriften zur GbR entsprechend (vgl. Seite 30 f.).

Informationsrechte der Gesellschafter

Auch wenn ein Gesellschafter von der Geschäftsführung ausgeschlossen ist, haftet er nach § 128 HGB unbeschränkt für Verbindlichkeiten der Gesellschaft. Es ist deshalb wichtig, ihm ein Informationsrecht an die Hand zu geben. § 118 Abs. 1 HGB gibt ihm ein Recht auf Einsicht in die Handelsbücher und Papiere der Gesellschaft.

Das Einsichtsrecht kann durch Gesellschaftsvertrag modifiziert, jedoch niemals gänzlich ausgeschlossen werden.

Sind die in den Büchern und Papieren wiedergegebenen Informationen nicht ausreichend, kann dem Gesellschafter ein darüber hinausgehendes Auskunftsrecht zustehen.

Rechts- und Parteifähigkeit

Die OHG kann selbst Trägerin von Rechten und Pflichten sein, Eigentum und andere dingliche Rechte erwerben sowie vor Gericht klagen und verklagt werden, § 124 HGB. Sie kann deshalb auch selbst Gesellschafterin anderer Gesellschaften sein. Sie ist auch insolvenzfähig, § 11 Abs. 2 Nr. 1 InsO. Ebenso ist es möglich, eine OHG zum Erben einzusetzen.

Gesamthandsvermögen

Das Gesellschaftsvermögen ist eigenes Vermögen der Gesellschaft, es gehört nicht den Gesellschaftern. Es ist jedoch – wie bei allen Personengesellschaften – Gesamthandsvermögen (vgl. Seite 30).

Haftung

Haftung der Gesellschaft

Für Verbindlichkeiten, die im Namen der Gesellschaft wirksam begründet wurden, haftet die Gesellschaft selbst. Ein Fehlverhalten von Gesellschaftern wird der Gesellschaft nach § 31 BGB zugerechnet.

Haftung der Gesellschafter

Gemäß § 128 HGB haften die Gesellschafter persönlich für die Verbindlichkeiten der Gesellschaft, das heißt mit ihrem Privatvermögen. Andere entgegenstehende interne Vereinbarungen sind außenstehenden Dritten gegenüber unwirksam. Es bedarf einer konkreten Vereinbarung mit den Gläubigern.

Prinzipiell schuldet der Gesellschafter dem Gläubiger dasselbe, was auch die Gesellschaft schuldet. Bei Geldschulden ergeben sich insoweit keine Probleme. Handelt es sich jedoch um Handlungen, die nur die Gesellschaft erbringen kann (z. B. die Übereignung eines konkreten Grundstücks), kann der Gläubiger stattdessen vom Gesellschafter Schadensersatz verlangen, §§ 280 Abs. 1, 283 BGB. Sein Anspruch auf Erfüllung gegen die Gesellschaft ist dann ausgeschlossen, denn er kann nicht besser gestellt werden, als er bei ordnungsgemäßer Erfüllung stünde.

Außerdem darf der Gläubiger durch die Leistung des Gesellschafters nicht etwas anderes erhalten, als ihm zusteht.

2

Beispiel: _____

Einem Gläubiger kann ein Anspruch auf Unterlassung von Wettbewerb durch die Gesellschaft zustehen. Das heißt jedoch nicht, dass er auch vom Gesellschafter persönlich Unterlassung von Wettbewerb fordern kann. Allerdings wäre in solchen Fällen stets zu prüfen, ob sich die Gesellschafter rechtsgeschäftlich nicht auch selbst – zumindest konkludent – verpflichtet haben oder ein Missbrauchseinwand geltend gemacht werden kann.

Der Gesellschafter kann sich gegen Ansprüche von Gläubigern der OHG mit denselben Einwendungen und Einreden verteidigen, wie sie auch der OHG zustehen, zum Beispiel Erfüllung, § 362 BGB, oder Unmöglichkeit, § 275 BGB.

Bei der Verjährung gilt eine Besonderheit: Verklagt der Gläubiger nicht die OHG, sondern den Gesellschafter persönlich, bevor der Anspruch gegen die Gesellschaft verjährt war, kann sich der Gesellschafter nicht darauf berufen, dass die Forderung gegen die Gesellschaft schon verjährt ist. Der Gläubiger musste damit rechnen, die Schuld begleichen zu müssen und durfte nicht darauf vertrauen, dass die Forderung nicht mehr geltend gemacht werden würde. Deshalb muss der Gläubiger nicht zugleich die Gesellschaft verklagen.

Soweit der OHG ein Anfechtungs- oder Aufrechnungsrecht zusteht, sie dieses jedoch noch nicht ausgeübt hat, kann der Gesellschafter die Befriedigung des Gläubigers zumindest vorerst verweigern, § 129 Abs. 2 und 3 HGB. Entsprechendes soll für andere Gestaltungsrechte der OHG wie eine Kündigungsmöglichkeit oder einen Rücktritt gelten. Endgültig verweigern kann er die Leistung jedoch erst dann, wenn die OHG selbst ihr Gestaltungsrecht ausgeübt hat. Verfügt der Gesellschafter über entsprechende Vertretungsmacht, kann er dies auch selbst für die OHG tun.

Hat der Gläubiger der OHG die Schuld erlassen, können sich auch die Gesellschafter darauf berufen. Behält sich der Gläubiger beim Erlass jedoch vor, noch die Gesellschafter persönlich in Anspruch zu nehmen, soll nach der Rechtsprechung sowohl der Vorbehalt als auch der gesamte Erlassvertrag unwirksam sein.

Daneben kann er persönliche Einwendungen und Einreden geltend machen. Dies sind solche, die gerade in seiner Person begründet sind. Denkbar wäre zum Beispiel eine besondere Abrede mit dem

Inhalt, dass die persönliche Haftung des § 128 HGB gerade nicht gelten soll oder eine individuelle Stundungsabrede. Bei einem unredlichen Zusammenwirken von Gläubiger und Mitgesellschafter kommt auch der Einwand nach § 242 BGB oder § 826 BGB (vorsätzliche sittenwidrige Schädigung) in Betracht.

Beispiel:

Ein Beispiel wäre ein bewusster Verzicht auf Verteidigung gegen eine an sich aussichtslose Klageforderung gegen die OHG und die anschließende persönliche Inanspruchnahme eines Mitgesellschafters.

2

Rückgriff gegen die Gesellschaft

Hat ein Gesellschafter für die Gesellschaft eine Forderung beglichen, kann er Ersatz verlangen, § 110 HGB. Ist die OHG vermögenslos, kann er von seinen Mitgesellschaftern Ausgleich nach § 426 BGB entsprechend den Verlustanteilen verlangen.

Sozialansprüche

Bei den sogenannten Sozialansprüchen handelt es sich um Ansprüche zwischen Gesellschafter und Gesellschaft aus dem Gesellschaftsverhältnis, zum Beispiel Gewinn oder Aufwendungsersatz, § 110 Abs. 1 BGB.

Für diese Ansprüche gilt keine Ausgleichsverpflichtung der Gesellschafter untereinander nach § 426 HGB. Auch dann nicht, wenn die OHG die Ansprüche nicht erfüllen kann. Der Gesellschafter kann seine Mitgesellschafter auch nicht aus § 128 HGB in Anspruch nehmen. Dies käme sonst einer verdeckten Beitragserhöhung gleich, zu der die Gesellschafter aber prinzipiell nicht verpflichtet sind, § 105 Abs. 3 i. V. m. § 707 BGB. Problematisch ist insoweit jedoch, dass der Gesellschafter dann auf seinen Aufwendungen „sitzen bleibt", was ebenfalls einer Beitragserhöhung gleichkommt.

Etwas anderes gilt für Abfindungsansprüche des ausgeschiedenen Gesellschafters. Diese können sowohl gegen die Gesellschaft als auch die ehemaligen Mitgesellschafter geltend gemacht werden.

Drittgläubigeransprüche

Hiermit sind Ansprüche eines Gesellschafters gegen die Gesellschaft gemeint, die nicht aus dem Gesellschaftsvertrag herrühren, sondern einem anderen Rechtsgrund, beispielsweise einem Kaufvertrag. Hier kann der Gesellschafter auch gegen seine Mitgesellschafter vorgehen. Allerdings muss er wegen seiner gesellschaftsrechtlichen Treuepflicht vorrangig versuchen, seinen Anspruch gegen die Gesellschaft direkt zu realisieren und muss sich bei einer Inanspruchnahme seiner Mitgesellschafter seinen eigenen Verlustanteil anrechnen lassen.

2

Gewinn und Entnahme

Nach § 121 Abs. 1 HGB erhält jeder Gesellschafter vom Jahresgewinn einen Anteil von 4 Prozent seines Kapitalanteils. Der Kapitalanteil berechnet sich nach § 120 Abs. 2 HGB wie folgt:

Geleistete Einlage + stehengebliebene Gewinne – Entnahmen – Verlustanteil

Der Kapitalanteil kann also variieren. Er ist kein Anspruch, sondern nur eine Rechnungsziffer.

Der Gewinnanteil wird aus dem Jahresgewinn bezahlt, wie er sich aus dem Jahresabschluss ergibt. Diesen haben die geschäftsführenden Gesellschafter jährlich aufzustellen, §§ 120 Abs. 1, 238 ff. HGB. Der Jahresabschluss ist verbindlich, wenn er durch Beschluss sämtlicher Gesellschafter festgestellt wurde. Ist kein Jahresgewinn vorhanden, besteht auch kein Anspruch auf Verzinsung.

Der nach Abzug der Verzinsung verbleibende Gewinn wird gemäß § 121 Abs. 3 HGB nach Köpfen verteilt.

Entnahmen während des Geschäftsjahres sind dem Gesellschafter in einer Höhe von bis zu 4 Prozent seines für das letzte Geschäftsjahr festgestellten Kapitalanteils gestattet. Auszahlungen bis zur Höhe eines etwaigen übersteigenden Gewinnanteils dürfen nur verlangt werden, wenn der Gesellschaft noch genügend liquide Mittel verbleiben. Für weitere Entnahmen ist die Zustimmung der übrigen Gesellschafter erforderlich, § 122 Abs. 2 HGB.

Die geschilderten gesetzlichen Regelungen werden den Bedürfnissen der Gesellschafter jedoch oftmals nicht gerecht. § 109 HGB gestattet deshalb auch anderweitige Regelungen, etwa Gewinn- und Verlustanteile nicht nach Köpfen, sondern entsprechend der kapitalmäßigen Beteiligung, Gehälter für geschäftsführende Gesellschafter etc. Die kapitalmäßige Beteiligung gilt dann in der Regel nicht nur für die Gewinn- und Verlustanteile, sondern auch für Verwaltungsrechte, insbesondere das Stimmrecht.

Die kapitalmäßige Beteiligung wird oftmals als sogenanntes festes „Kapitalkonto I" geführt. Auf dem „Kapitalkonto II" werden hingegen die variablen Posten geführt, wie stehengelassene Gewinne oder Verluste. Oft wird dieses Kapitalkonto II wie ein Darlehenskonto geführt und verzinst.

2

Gesellschafterwechsel

Beitritt

Es gelten die Ausführungen zum GbR-Gesellschafter (vgl. Seite 33). Nach § 130 HGB haftet der Beitretende für Verbindlichkeiten der OHG, die bereits vor seinem Eintritt entstanden sind. Eine interne anderslautende Abrede kann dem außenstehenden Gläubiger nicht entgegengehalten werden. Sie bewirkt nur einen Freistellungsanspruch.

Der Beitritt ist in das Handelsregister einzutragen, § 107 HGB.

Ausscheiden

Ein Gesellschafter scheidet nach § 131 Abs. 3 HGB aus der OHG aus durch:

- Tod
- Eröffnung des Insolvenzverfahrens über sein Vermögen
- Kündigung des Gesellschafters
- Kündigung durch den Privatgläubiger des Gesellschafters
- Eintritt von Fällen, die im Gesellschaftsvertrag vorgesehen sind
- Beschluss der übrigen Gesellschafter

Die Gesellschaft wird dann unter den übrigen Gesellschaftern fortgesetzt.

Anders als bei der GbR hat der kündigende Gesellschafter bei einer auf unbestimmte Zeit gegründeten Gesellschaft auch ohne gesonderte Vereinbarung im Gesellschaftsvertrag eine Kündigungsfrist von sechs Monaten zum Schluss eines Geschäftsjahres einzuhalten, § 132 HGB.

Den Ausschluss eines Gesellschafters regelt § 140 HGB. Anders als bei der GbR ist ein Ausschluss nach dem Gesetz nur durch richterliches Urteil möglich. Ein Gesellschafterbeschluss reicht nur dann aus, wenn dies der Gesellschaftsvertrag bestimmt. Wann ein Grund zur Auflösung besteht, sollte im Gesellschaftsvertrag konkret festgelegt werden. Ansonsten muss auf die dehnbare und deshalb konfliktbehaftete Regelung in § 133 HGB zurückgegriffen werden: Hiernach setzt der Ausschluss eine vorsätzliche oder grob fahrlässige Verletzung wesentlicher Verpflichtungen aus dem Gesellschaftsvertrag oder das unmöglich Werden der Erfüllung einer solchen Verpflichtung voraus.

2

Der ausscheidende Gesellschafter erhält eine Abfindung von der Gesellschaft, für den auch die Mitgesellschafter nach § 128 HGB haften. Im Gesellschaftsvertrag kann dieser Anspruch zum Schutz der Gesellschaft eingeschränkt werden, jedoch sind hierbei die bereits auf Seite 36 erwähnten Grenzen zu beachten.

Der Gesellschafter kann außerdem von seinen ehemaligen Mitgesellschaftern Befreiung von gemeinschaftlichen Schulden verlangen. Nach außen haftet er weiter für Verbindlichkeiten der Gesellschaft, die innerhalb von fünf Jahren nach seinem Ausscheiden fällig geworden sind, soweit sie gegen ihn gerichtlich geltend gemacht worden sind, § 160 Abs. 1 HGB.

Das Ausscheiden ist ebenfalls ins Handelsregister einzutragen, § 143 Abs. 2 HGB. Unterbleibt die Eintragung, kann eine weitere Haftung des Ausscheidenden nach § 15 HGB die Folge sein.

Übertragung

Es gelten die Ausführungen zur GbR entsprechend (vgl. Seite 35). Auch der Wechsel ist im Handelsregister einzutragen, §§ 143 Abs. 2, 107 HGB.

Tod eines Gesellschafters

Der Tod eines Gesellschafters bewirkt nur dann das Ausscheiden des Gesellschaftsanteils, wenn im Gesellschaftsvertrag nichts anderes geregelt ist. Oftmals wird ein Bedürfnis bestehen, eine Nachfolge zu regeln.

Dies kann dadurch geschehen, dass im Gesellschaftsvertrag bestimmt wird, die OHG mit den Erben fortzusetzen. Die Erben rücken dann ihrer Erbquote entsprechend in die Gesellschaft ein. Die Anordnung einer Testamentsvollstreckung wird wohl nur hinsichtlich der abtretbaren Vermögensrechte in Betracht kommen.

Der Erbe kann innerhalb einer Dreimonatsfrist bei den übrigen Gesellschaftern beantragen, dass ihm anstelle der OHG-Beteiligung die Stellung eines Kommanditisten eingeräumt wird (dazu näher auf Seite 60). Er unterliegt dann nicht mehr der unbeschränkten Haftung des § 128 HGB. Lehnen die Mitgesellschafter die Umwandlung ab, steht dem Erben ein außerordentliches, fristloses Kündigungsrecht zu mit der Folge, dass er sein Abfindungsguthaben verlangen kann, § 139 Abs. 2, 3 HGB.

2

Dem Erben oder einem Dritten kann auch nur ein Eintrittsrecht eingeräumt werden. In diesem Fall steht ihm das Recht zur Umwandlung in einen Kommanditistenanteil nicht zu, denn er muss von seinem Eintrittsrecht keinen Gebrauch machen. Im Übrigen gelten die Ausführungen zur GbR entsprechend (vgl. Seite 36 ff.).

Fehlerhafte Gesellschaft

Auch hier gilt das zur GbR Gesagte entsprechend (vgl. Seite 38 ff.). Eine Invollzugsetzung kann hier leicht an der Eintragung ins Handelsregister festgemacht werden.

Auflösung

Auflösungsgründe

Gründe für die Auflösung sind gemäß § 131 Abs. 1 HGB:

- Zeitablauf

  Die Gesellschaft endet durch Zeitablauf, wenn sie für eine bestimmte Zeit eingegangen ist, § 131 Abs. 1 Nr. 1 HGB. Zweckerreichung oder Unmöglichkeit der Zweckerreichung führen anders als bei der GbR nicht automatisch zur Auflösung. Vielmehr müsste die Auflösung durch Urteil festgestellt werden, § 133 HGB.

- Beschluss der Gesellschafter

  Einstimmigkeit ist nur gefordert, wenn der Gesellschaftsvertrag nichts anderes vorsieht.

- Eröffnung des Insolvenzverfahrens über das Vermögen der Gesellschaft

2

- Auflösung durch gerichtliche Entscheidung

  Dies erfordert einen wichtigen Grund im Sinne von § 133 HGB. Ein solcher ist gegeben, wenn eine Fortsetzung der Gesellschaft bis zum nächsten Kündigungstermin wegen Beeinträchtigung des Gesellschaftszwecks nicht zumutbar ist. Ist auch eine bloße Vertragsänderung geeignet, den Interessen des die Auflösung begehrenden Gesellschafters Rechnung zu tragen, muss er sich damit zufrieden geben. Die Auflösung stellt eine ultima ratio dar. Auch die Entziehung der Geschäftsführungs- und Vertretungsbefugnis kommt zum Beispiel als weniger einschneidende Mittel in Betracht. Ebenso wäre ein Austrittsrecht zu akzeptablen Bedingungen vorrangig zu nutzen.

  Die Auflösung tritt mit Rechtskraft des stattgebenden Urteils ein. Ein gesondertes Zwangsvollstreckungsverfahren ist nicht erforderlich.

- Beteiligung nur noch eines Gesellschafters

  Verbleibt nur noch ein Gesellschafter, liegt begriffsnotwendig keine OHG mehr vor. Diese erfordert die Beteiligung mindestens zweier Personen.

Auflösungsfolgen

Die Auflösung ist ins Handelsregister einzutragen.

Die werbende Gesellschaft wandelt sich in eine Liquidationsgesellschaft um. Entsprechend ändert sich der Gesellschaftszweck. Als Liquidatoren sind – sofern der Gesellschaftsvertrag nichts anderes vorsieht – alle Gesellschafter berufen, § 146 HGB. Sie werden ins Handelsregister eingetragen, § 148 Abs. 1 HGB. Sie haben die laufenden Geschäfte zu beenden und dürfen neue Geschäfte nur noch eingehen, soweit sie zur Abwicklung erforderlich sind. Forderungen werden eingezogen, das übrige Vermögen in Geld umgesetzt und Gläubiger befriedigt, § 149 Abs. 1 HGB. Die Liquidatoren haben im Rahmen ihrer Aufgabe Vertretungsmacht.

Reicht das Vermögen nicht aus, alle Gläubiger zu befriedigen, so ist umstritten, ob Nachschüsse verlangt werden können. Da die Gesellschafter aber ohnehin auch persönlich für diese Forderungen haften und sodann Ausgleichsansprüche gegen die Gesellschaft bestehen (§ 426 BGB), spricht viel für eine „Nachschusspflicht".

Überschüsse werden entsprechend den Gewinnanteilen an die Gesellschafter verteilt. Einzelne Sozialansprüche der Gesellschafter gegen die Gesellschaft oder Mitgesellschafter werden in die Schlussabrechnung eingestellt.

Bis zur Beendigung können die Gesellschafter noch beschließen, dass die OHG wieder zur werbenden Gesellschaft werden soll.

Beendigung

Erst wenn die Auflösungsphase abgeschlossen ist, folgt die Beendigung. Die Beendigung ist deklaratorisch ins Handelsregister einzutragen, § 157 Abs. 1 HGB, und zwar auf Veranlassung der Liquidatoren.

2

3. Kommanditgesellschaft, GmbH & Co. KG

Begriff und Bedeutung

Die Kommanditgesellschaft (KG) ist eine Sonderform der OHG. Sie unterscheidet sich insofern, als für einzelne Gesellschafter die persönliche Haftung auf die Einlage beschränkt werden kann, § 161 Abs. 1 HGB. Diese Gesellschafter werden als sogenannte Kommanditisten bezeichnet. Für mindestens einen Gesellschafter muss es jedoch bei einer vollumfänglichen Haftung verbleiben. Diese Gesellschafter werden Komplementäre genannt.

Die praktische Bedeutung dieser Gesellschaftsform ist enorm, da sie sehr unterschiedlich ausgestaltet werden kann. Sie eignet sich sowohl für Familiengesellschaften als auch große Publikumsgesellschaften. Die Kapitalanleger erhalten die Stellung eines Kommanditisten. Als Komplementär wird oftmals eine GmbH eingesetzt. Das führt dazu, dass niemand der Beteiligten mit seinem Privatvermögen haften muss.

Die gesetzlichen Regelungen finden sich in § 161 ff. HGB. Ergänzend gelten die Vorschriften zur OHG, § 161 Abs. 2 HGB. Diese finden insbesondere auf die Rechtsstellung der unbeschränkt haftenden Komplementäre Anwendung.

Handelsregistereintragung

Die KG ist – wie die OHG – zur Eintragung ins Handelsregister anzumelden. Soweit sie kein Handelsgewerbe betreibt, wird sie als

2

KG behandelt, sobald sie eingetragen ist. Auch die Hafteinlage der Kommanditisten wird ins Handelsregister eingetragen.

Anders als bei der OHG ist auch für Gesellschaften, die ein Handelsgewerbe betreiben, die Eintragung ins Handelsregister insofern von besonderer Bedeutung, als die Haftungsbeschränkung der Kommanditisten erst mit der Eintragung geltend gemacht werden kann. Vor der Eintragung haften auch Kommanditisten unbeschränkt mit ihrem persönlichen Vermögen, es sei denn, der Gläubiger wusste von der Haftungsbeschränkung, § 176 Abs. 1 HGB.

Genehmigungserfordernisse

Die Genehmigung durch das Familiengericht ist nach § 1822 Nr. 3 BGB auch dann erforderlich, wenn ein Minderjähriger oder eine beschränkt geschäftsfähige Person Kommanditist werden soll. Zwar ist hier das Risiko für den Minderjährigen durch die Haftungsbeschränkung bedeutend geringer, es handelt sich jedoch auch hier um den „Betrieb eines Handelsgewerbes", wie es § 1822 Nr. 3 BGB voraussetzt.

Leistungspflichten und Beiträge

Als Einlage kommen nicht nur Geldbeträge, sondern auch andere Leistungen in Betracht (z. B. Dienstleistungen, Bereitstellung von Betriebsmitteln o. Ä.). Derartige Leistungen können jedoch auch im Rahmen von separaten Verträgen geschuldet sein, etwa im Rahmen eines Leihvertrags, eines Dienstleistungsvertrags oder eines Darlehens. Was gewollt ist, muss ggf. durch Auslegung ermittelt werden. Idealerweise erfolgt der Abschluss eines gesonderten Vertrags mit exakter Regelung von Leistung und Gegenleistung, wenn keine mitgliedschaftliche Pflicht begründet werden soll.

Die Unterscheidung ist wichtig, wenn es in der Folge zu Konflikten kommt: Einerseits kommt bei gesellschaftsrechtlichen Verpflichtungen der Treuepflicht eine größere Bedeutung zu, andererseits finden die Schutzvorschriften zur Vertragsauslegung bei allgemeinen Geschäftsbedingungen im Gesellschaftsrecht keine Anwendung, § 310 Abs. 1 Satz 1 BGB.

Treuepflichten und Wettbewerbsverbote

Zur Treuepflicht sei auf die Ausführungen zur GbR bzw. OHG verwiesen (vgl. Seite 20 f., 44, 46).

Hinsichtlich des Wettbewerbsverbots gilt jedoch eine Besonderheit für Kommanditisten: Diese unterliegen nach dem Gesetz keinem Wettbewerbsverbot, § 165 HGB. Soll ein solches begründet werden, muss dies im Gesellschaftsvertrag vereinbart werden. Fehlt eine solche Vereinbarung, kann ausnahmsweise trotzdem ein Wettbewerbsverbot bestehen, nämlich dann, wenn der Kommanditist aufgrund seiner Stellung im Unternehmen besondere Einflussmöglichkeiten auf die KG hat. Dies wäre dann der Fall, wenn er dort in bedeutender Funktion tätig ist.

2

Inhaltskontrolle des Gesellschaftsvertrags

Der Inhaltskontrolle des Gesellschaftsvertrages durch die Rechtsprechung kommt insbesondere bei Publikumsgesellschaften wie Kapitalanlagegesellschaften große Bedeutung zu.

Den Kommanditisten fehlen oft Erfahrung und Einblick in die Geschäfte. Demgegenüber steht häufig ein starkes Management. Dieser besonderen Konstellation trägt die Rechtsprechung bei der Inhaltskontrolle von Gesellschaftsverträgen Rechnung. Bei der Abfassung des Gesellschaftsvertrags sollte dies bereits berücksichtigt werden. Eine zu weit gehende Regelung zulasten der Kommanditisten kann zur Unwirksamkeit führen, mit der Folge, dass die gesetzlichen Regelungen eingreifen, die möglicherweise den konkreten Interessen erst recht nicht gerecht werden.

Geschäftsführung und Vertretung

Soweit der Gesellschaftsvertrag nichts anderes bestimmt, werden die Geschäfte der Gesellschaft ausschließlich von den Komplementären geführt und die Gesellschaft von diesen vertreten. Die Kommanditisten sind dann hiervon ausgeschlossen, §§ 164 und 170 HGB. Sie haben auch kein Widerspruchsrecht gegen Geschäftsführungsmaßnahmen, § 164 HGB. Etwas anderes gilt nur, wenn es sich um für den Geschäftsbetrieb ungewöhnliche Angelegenheiten handelt. Doch auch insoweit kann der Gesellschaftsvertrag etwas anderes oder Konkretisierungen vorsehen.

Ein Kommanditist kann aber sowohl gesellschaftsrechtlich als auch im Rahmen eines Dienstvertrags zur Geschäftsführung beauftragt werden. Ob das eine oder andere gewollt ist, sollte wieder eindeutig festgelegt werden. Dies kann Auswirkungen auf die Anwendung von Arbeitsschutzvorschriften und der Abberufungsmöglichkeit haben. Zu regeln wäre bei einer gesellschaftsrechtlichen Übertragung beispielsweise auch, ob die Dienstleistung auf die Einlagepflicht angerechnet wird und ob eine Vergütung gezahlt werden soll.

2 Ergänzend festzulegen wäre, ob der Komplementär zur Geschäftsführung und Vertretung befugt sein soll. Teils wird vertreten, dass ein völliger Ausschluss mit dem Grundsatz der Selbstorganschaft unvereinbar sei. Der BGH sieht eine solche Regelung jedoch für zulässig an, da ein Kommanditist ja kein „außenstehender" Dritter ist.

Beschlussfassung

Für die Beschlussfassung gilt das zur OHG Ausgeführte (vgl. Seite 48) entsprechend. Mangels anderweitiger Regelung im Gesellschaftsvertrag gilt auch hier das Einstimmigkeitsprinzip. Soll eine Mehrheitsentscheidung ausreichen, wird prinzipiell nach Köpfen gezählt, nicht nach der kapitalmäßigen Beteiligung. Das wird insbesondere bei Publikumsgesellschaften nicht zweckmäßig sein und bedarf deshalb einer individuellen Regelung.

Informationsrechte

Komplementär

Für den Komplementär gelten die Ausführungen zum OHG-Gesellschafter (vgl. Seite 48) entsprechend, § 161 Abs. 2 HGB.

Kommanditist

Der Kommanditist ist nach § 166 Abs. 1 HGB berechtigt, eine schriftliche Mitteilung über den Jahresabschluss zu verlangen und dessen Richtigkeit durch Einsicht in die Bücher und Papiere zu überprüfen. Eine Einschränkung dieses Rechts ist nur in engen Grenzen möglich. Zulässig sollte es sein, die Einsicht an eine zur Berufsverschwiegenheit verpflichtete Person zu binden. Höchstrichterlich bestätigt ist diese verbreitete Praxis jedoch bislang nicht.

Aus wichtigem Grund kann dem Kommanditisten das Gericht ein weitergehendes Auskunfts- und Einsichtsrecht zusprechen, § 166

Abs. 3 HGB. Dabei ist jedoch zu berücksichtigen, dass derartige Rechte den Geschäftsgang einer Gesellschaft erheblich beeinträchtigen können und deshalb derartige Anträge gut begründet sein müssen. Ein wichtiger Grund kann beispielsweise ein begründetes Misstrauen gegen die Redlichkeit der Geschäftsführung sein.

Daneben können weitere Anspruchsgründe gegeben sein, zum Beispiel wenn der Kommanditist diese benötigt, um seine gesellschaftsrechtlichen Rechte sachgerecht ausüben zu können oder nach seinem Ausscheiden gemäß § 810 BGB.

2

Rechts- und Parteifähigkeit

Hier ergeben sich keine Unterschiede zur OHG. Die KG ist rechts- und parteifähig.

Haftung der KG und des Komplementärs

Auch hier ergeben sich keine Besonderheiten zur OHG (vgl. Seite 49 ff.): Die KG haftet mit ihrem Gesellschaftsvermögen, die Komplementäre wie der Gesellschafter bei der OHG, nämlich unbeschränkt.

Haftung des Kommanditisten

Der Kommanditist haftet dem Gläubiger der Gesellschaft zwar ebenfalls, jedoch beschränkt auf seine Haftsumme, welche sich aus dem Handelsregister ergibt, § 171 Abs. 1 HGB. Ist die Hafteinlage an die KG bezahlt, ist die Haftung ausgeschlossen. Der Kommanditist haftet somit nur einmal und in Höhe der Haftsumme.

Bei der Vereinbarung von anderen Leistungen als Geld kann die Einlagefähigkeit zweifelhaft sein. Zu unterscheiden ist hier zwischen den Beiträgen der Gesellschafter und der Einlage. Bei der Beitragsvereinbarung herrscht Vertragsfreiheit. Die Beiträge müssen nicht zwingend in Form einer Geldsumme erbracht werden, es können auch Dienstleistungen oder Know-how geleistet werden. Eine andere Frage ist es, ob der Beitrag als einlagefähig angesehen werden kann und somit geeignet ist, den Kommanditisten von seiner Einlageverpflichtung auch gegenüber den Gläubigern zu befreien. Entscheidend ist, ob der Gesellschaft ein Vermögenswert zugeflossen ist, der auch in der Krise für die KG einsetzbar ist. Dies wird man bei der Übertragung von Gegenständen, Forderungen oder Immaterialgüterrechten noch relativ unproblematisch bejahen können, sofern diese werthaltig sind. Schwieriger ist dies bei einer bloßen Nutzungsüberlassung oder Dienstleistungen. Gerade letztere dürften für die KG in der Krise eher nicht verwertbar sein und werden deshalb nicht als einlagefähig angesehen. Alle Sacheinlagen müssen vollwertig, das heißt dem Wert der in Anrechnung gebrachten Einlageforderung gleichwertig sein. Hierfür ist der Kommanditist beweispflichtig.

2 Befriedigt ein Kommanditist einen Gläubiger der KG, hat er einen Aufwendungsersatzanspruch aus § 161 Abs. 2 i. V. m. § 110 HGB und er kann diesen Erstattungsanspruch mit der noch offenen Einlageforderung der KG aufrechnen.

Hat der Kommanditist zunächst die Einlage erbracht, wird sie ihm jedoch von der Gesellschaft zurückgewährt, lebt seine Haftung gegenüber den Gläubigern (und je nach Vereinbarung auch der KG) wieder auf, § 172 Abs. 4 Satz 1 HGB. Eine Rückzahlung liegt nicht nur dann vor, wenn explizit die Einlage zurückbezahlt wird, sondern kann auch durch die Übertragung anderer Sachwerte erfolgen, zum Beispiel durch die Gewährung einer überhöhten Tätigkeitsvergütung oder Kaufpreisforderung. Selbst die Rückzahlung eines Kommanditistendarlehens zum Zeitpunkt von wirtschaftlichen Schwierigkeiten kann als verdeckte Rückgewähr gelten. Auch Gewinnentnahmen, die nicht durch die Hafteinlage gedeckt sind, können zu einem Wiederaufleben der Haftung gegenüber Gläubigern der KG führen, § 172 Abs. 4 HGB.

Übrigens ist es hingegen durchaus möglich, dem Kommanditisten Leistungen aus dem Vermögen des Komplementärs zu gewähren. Dieses Vermögen steht dem Gläubiger nur in dem jeweils verfügbaren Rahmen zu, er hat keinen Anspruch darauf, dass sich dieses nicht ändert. Allerdings darf der Komplementär dann nicht für Rechnung der KG handeln und einen Rückgriff gegen die KG nehmen.

Darlehen

Oftmals, insbesondere bei Publikumsgesellschaften, werden die Kommanditisten verpflichtet, zusätzlich zur Einlage der KG ein Darlehen zur Verfügung zu stellen. Diese Darlehen haben häufig dieselbe Funktion wie eine Einlage. Wenn ein solches Darlehen „Einlagencharakter" hat, kann es in der Krise der Gesellschaft nicht zurückverlangt werden, das heißt es wird behandelt wie Eigenkapital der Gesellschaft. Ob ein Darlehen einen derartigen Charakter hat, ist durch Auslegung des Darlehensvertrags zu ermitteln. Eine Rolle spielen insbesondere Verwendungszweck, Kündigungs- und Einflussnahmemöglichkeiten durch den Kommanditisten.

Haftung vor Eintragung der KG ins Handelsregister

Der Kommanditist haftet persönlich, wenn die KG ihre Geschäfte aufnimmt, bevor sie als solche ins Handelsregister eingetragen ist und er dem zugestimmt hat, § 176 Abs. 1 HGB. Der Rechtsverkehr wird in seinem Vertrauen auf eine unbeschränkte Haftung geschützt. Dieses Vertrauen kann jedoch dann nicht schützenswert sein, wenn die KG auch bereits als solche nach außen aufgetreten ist. Dem Gläubiger war klar, mit wem er es zu tun hat.

2

Dasselbe gilt, wenn es sich um einen deliktischen (Schadensersatz-) Anspruch eines Dritten handelt: Auch dann hat der Anspruchsteller kein schützenswertes Vertrauen investiert, denn der Anspruch gegen die KG entsteht kraft Gesetzes, nicht durch Vertragsschluss. In diesen Fällen haftet der Kommanditist also trotz fehlender Eintragung nicht über seine Einlage hinaus.

Mittelbar beteiligte Gesellschafter

Der Gesellschaftsvertrag kann vorsehen, dass ein einzelner Kommanditist treuhänderisch für viele andere Gesellschafter den Anteil hält. Im Innenverhältnis wird mit der KG dann oftmals vereinbart, dass die Treugeber jedoch wie Gesellschafter der KG behandelt werden sollen. Die übrigen Gesellschafter sind dann letztlich nur wirtschaftlich beteiligt. Eine solche Bündelung ist für die KG, da sie es nur mit einem oder wenigen Kommanditisten zu tun hat, im Organisationsaufwand geringer. Allerdings ist der Treuhandkommanditist den Treugebern aufklärungspflichtig und er kann auch aus wichtigem Grund abberufen werden.

Gegenüber den Gläubigern nach außen haftet nur der Treuhandkommanditist, wiederum beschränkt auf die Einlage nach den geschilderten Grundsätzen. Allerdings kann im Innenverhältnis ein Freistellungsanspruch des Treuhänders gegen die Treugeber bestehen.

Ansprüche zwischen den Gesellschaftern untereinander bzw. der Gesellschaft gegenüber den Gesellschaftern

Insofern ergeben sich keine Besonderheiten im Vergleich zur OHG (vgl. Seite 51).

Gewinn und Entnahmerecht des Kommanditisten

2

Gewinn und Verlust des Kommanditisten berechnen sich ebenfalls nach der Vorschrift des § 120 HGB für die OHG-Gesellschafter, § 167 Abs. 1 HGB. Auch hier sind die Kapitalanteile also variabel. Allerdings wird ein Gewinn seinem Kapitalanteil nur bis zur Höhe seiner Pflichteinlage gutgeschrieben, § 167 Abs. 2 HGB. Damit wird verhindert, dass ein Kommanditist durch „Ansparen" von Beträgen seinen Kapitalanteil zulasten des Komplementärs ausbaut.

Vom Jahresgewinn erhält der Gesellschafter auch hier 4 Prozent seines Kapitalanteils, § 168 Abs. 1 i. V. m. § 121 Abs. 1 HGB. Soweit der Gewinn höher oder ein Verlust entstanden ist, soll nach § 168 Abs. 2 HGB dieser „in angemessenem Verhältnis" verteilt werden. Um Streitigkeiten über die „Angemessenheit" zu vermeiden, sollte bereits im Gesellschaftsvertrag eine konkrete Regelung getroffen werden.

Ist die Pflichteinlage durch Verluste aufgebraucht worden, kann der Kommanditist keine Entnahmen tätigen, er schuldet jedoch auch keine weitere Einlage, § 167 Abs. 3 HGB. Spätere Gewinne müssen zunächst zur Abdeckung der Verluste verwendet werden, bevor wieder eine Entnahme möglich ist, § 169 Abs. 1 Satz 2 HGB.

Beitritt eines Kommanditisten

Ein beitretender Kommanditist haftet gemäß § 173 Abs. 1 HGB nach Maßgabe der §§ 171, 172 HGB auch für Verbindlichkeiten der KG, die vor seinem Eintritt entstanden sind. Auf die Haftungsbegrenzung auf die Pflichteinlage kann er sich gemäß § 176 Abs. 2 HGB erst mit seiner Eintragung ins Handelsregister berufen. Es empfiehlt sich deshalb, den Beitritt nur unter der Bedingung der Registereintragung zu erklären, um eine weitergehende Haftung auszuschließen.

Ausscheiden von Gesellschaftern

Grundsätzlich gilt auch hier das für die OHG-Gesellschafter Ausgeführte (vgl. Seite 53). Das Ausscheiden ist im Handelsregister einzutragen, § 162 HGB. Die Eintragung ist zwar nur deklaratorisch, ein gutgläubiger Dritter kann sich jedoch auf die Rechtsscheinhaftung nach § 15 HGB berufen, solange das Ausscheiden nicht dokumentiert ist.

Erhält ein Kommanditist seine Einlage beim Ausscheiden zurück, haftet er den Gläubigern der KG gemäß § 172 Abs. 4 HGB, soweit deren Forderung vor der Eintragung seines Ausscheidens im Handelsregister begründet war.

Eine Enthaftung richtet sich nach der Fünf-Jahres-Regel des § 160 HGB auch für Kommanditisten. Er sollte sich deshalb in einer Ausscheidensvereinbarung zumindest von der Gesellschaft im Innenverhältnis die Zusage für eine Freistellung geben lassen.

2

Übertragung eines Gesellschaftsanteils

Hinsichtlich eines Komplementäranteils gilt dasselbe wie für einen OHG-Anteil (vgl. Seite 54). Wird ein Kommanditanteil übertragen, gilt Folgendes:

Die Zahlung eines Kaufpreises für den Kommanditanteil vom Neukommanditisten an den Altkommanditisten stellt keine haftungsbegründende Einlagenrückgewähr dar, da das Vermögen der KG nicht geschmälert wird. Der Altkommanditist erhält nichts von der KG, sondern vom Erwerber persönlich.

Bei der Anmeldung des Wechsels zum Handelsregister ist jedoch darauf zu achten, dass klargestellt wird, dass es sich nicht um einen Aus- und Eintritt, sondern um einen Wechsel im Rahmen der Rechtsnachfolge handelt. Der Rechtsnachfolgevermerk im Handelsregister ist wichtig. Ansonsten könnte der Anschein entstehen, dass die Haftungsmasse der KG durch den Eintritt größer geworden ist, was ja aber gerade nicht der Fall sein soll.

Tod eines Gesellschafters

Für den Komplementär gilt wiederum das für den OHG-Gesellschafter Gesagte (vgl. Seite 54 ff.).

Für den Kommanditisten ordnet das Gesetz an, dass die Gesellschaft bei dessen Tod mit seinen Erben fortgesetzt wird, § 177 HGB, jedoch kann etwas anderes vereinbart werden. Möglich wäre zum Beispiel ein bloßes Eintrittsrecht zu begründen. In diesem Fall gelten jedoch die Vorschriften der §§ 173 und 176 Abs. 2 HGB, mit der Folge einer unbeschränkten Haftung bis zur Eintragung im Handelsregister. Diese Gefahr besteht für den Erben, der den Kommanditanteil ohne sein Zutun erlangt hat, nicht: Es fehlt an einem „Beitritt" in diesem Sinne.

Gesellschaft auf fehlerhafter Vertragsgrundlage

Es gilt das für die OHG-Gesellschaft Genannte (vgl. Seite 55).

2

Auflösung und Beendigung

Auch hier kann auf die Ausführungen zur OHG verwiesen werden (vgl. Seite 55 ff.).

GmbH & Co. KG/UG (haftungsbeschränkt) & Co. KG

Mit der Einsetzung einer beschränkt haftenden Kapitalgesellschaft als Komplementärin kann die Gefahr einer persönlichen Inanspruchnahme der Gesellschafter minimiert werden. Auch die Geschäftsführung gestaltet sich flexibler: Zur Geschäftsführung berufen ist der jeweilige Geschäftsführer der Komplementär-GmbH. Dieser kann, muss aber nicht Gesellschafter sein. Ein Auswechseln der Geschäftsführung ist deshalb leicht möglich.

Neue Gesellschafter können als Kommanditisten unproblematisch aufgenommen werden. Die Haftung wegen einer eventuellen Einlagenrückgewähr nach § 172 Abs. 4 HGB trifft nur den betroffenen Kommanditisten, nicht die übrigen Gesellschafter. Dies ist bei einer GmbH anders: Dort haften der Gesellschaft nachrangig auch die übrigen Gesellschafter auf Erstattung einer verbotenen Kapitalrückgewähr, § 31 Abs. 3 GmbHG.

Die GmbH & Co. KG ist als Personengesellschaft prinzipiell nicht mitbestimmungspflichtig. Unter Umständen erfolgt bei der Berechnung der Schwellenwerte eine Hinzurechnung der Arbeitnehmer zur GmbH, so dass die GmbH eventuell mitbestimmungspflichtig werden kann, § 4 MitbestG.

Die GmbH & Co. KG kann sowohl für Familiengesellschaften als auch für größere Publikumsgesellschaften die richtige Gesellschaftsform sein. Bei Letzteren können sich die Gründungsgesellschafter über die GmbH einen weiten Einfluss auf die KG sichern, ohne persönlich haften zu müssen. Umgekehrt ist es auch möglich, dass sich die Kommanditisten zur Gründung der Komplementär-GmbH zusammenschließen und die KG lenken.

Auch die Gründung einer „Ein-Mann-GmbH & Co. KG" ist denkbar.

Da es sich bei der GmbH & Co. KG um einen „Hybriden" aus Personen- und Kapitalgesellschaft handelt, der vom gesetzlichen Leitbild abweicht, hat die Rechtsprechung einige spezielle Grundsätze zum Schutz der Kommanditisten aufgestellt:

So treffen den Geschäftsführer der GmbH aus seinem Anstellungsvertrag mit dieser nicht nur Schutzpflichten gegenüber seiner Dienstherrin – der GmbH –, sondern auch gegenüber der KG. Diese kann bei einem sorgfaltswidrigen oder gar unredlichen Verhalten des Geschäftsführers Schadensersatz verlangen.

2

Außerdem gelten verschärfte Haftungsregeln auch für Kommanditisten, wenn Auszahlungen – sei es aus dem GmbH- oder KG-Vermögen – zu einer Minderung des Stammkapitals der GmbH führen. Es werden die schärferen Vorschriften der §§ 30, 31 GmbHG angewendet. Begründet wird dies mit dem Fehlen einer unbeschränkt haftenden Person.

4. Stille Gesellschaft

Begriff

Der Stille Gesellschafter beteiligt sich am Handelsgeschäft eines anderen mit einer Einlage, welche in das Vermögen des Inhabers des Handelsgeschäfts übergeht. Aus den Geschäften der Handelsgesellschaft wird der Stille Gesellschafter nicht berechtigt oder verpflichtet, § 230 HGB. Im Gegenzug erhält der Stille Gesellschafter einen Anteil am Gewinn, § 231 HGB.

Die Stille Gesellschaft besteht somit zwischen dem Inhaber des Handelsgeschäfts und dem Stillen Gesellschafter. Sie betreibt selbst kein Handelsgeschäft und unterliegt den Regeln über die GbR, § 705 ff. HGB sowie ergänzend den § 230 ff. HGB. Zweck ist die Gewinnerzielung im Handelsgewerbe des anderen Gesellschafters zum beidseitigen Nutzen.

Die Stille Gesellschaft ist abzugrenzen vom sogenannten partiarischen Darlehen. Auch hier besteht die Gegenleistung in einer Gewinnbeteiligung, es liegt jedoch keine gesellschaftsrechtliche Bindung vor. Vielmehr handelt es sich um ein Austauschgeschäft, das anderen Regeln unterworfen ist. Indizien für eine Stille Gesellschaft können eine lange Bindungsdauer, Kontrollrechte, fehlende Sicherheiten und eine Verlustbeteiligungsabrede sein. Aber auch ein „verlorener Zuschuss" kommt in Betracht. Bei der vertraglichen Gestaltung von „Kooperations- und Beteiligungsverträgen" sollte also unbedingt klargestellt werden, was mit der Einlage bezweckt ist und wie eine Rückabwicklung aussehen soll, um unliebsame Überraschungen zu vermeiden:

2 Unterbeteiligungen an anderen Gesellschaften, die kein Handelsgewerbe betreiben, sind zwar keine Stille Gesellschaft im Rechtssinne, teilweise kann dennoch auf die Regelungen der § 230 ff. HGB zurückgegriffen werden.

Da die Stille Gesellschaft nicht nach außen agiert, es sich somit um eine „Innengesellschaft" handelt, eignet sie sich besonders für Konstellationen, bei denen der Stille Gesellschafter nicht in Erscheinung treten will.

Für Publikumsgesellschaften stellt sie eine geeignete Gesellschaftsform dar, da unproblematisch neue Gesellschafter ohne bedeutende Einflussmöglichkeiten in größerer Zahl aufgenommen werden können.

Denkbar sind aber auch atypische Gestaltungsformen, bei denen dem Stillen Gesellschafter maßgeblicher Einfluss auf das Unternehmen eingeräumt wird.

Gesellschaftsvertrag

Beteiligte

Der Gesellschaftsvertrag wird zwischen Unternehmergesellschafter und Stillem Gesellschafter abgeschlossen. Ist Unternehmergesellschafter eine OHG oder KG, handelt es sich hierbei um ein sog. Grundlagengeschäft (vgl. Seite 24, 48), so dass die Zustimmung der übrigen Gesellschafter erforderlich ist. Für die Vertretungsmacht nach außen hat eine fehlende Zustimmung jedoch an sich keine Bedeutung, denn der Gesellschaftsvertrag der Unternehmergesellschaft wird nicht geändert. Der Beteiligungsvertrag ist also an sich auch ohne den Beschluss wirksam. Etwas anderes kann gelten, wenn der Stille Gesellschafter von der fehlenden Zustimmung weiß.

Form

Der Gesellschaftsvertrag ist per se nicht formbedürftig, es sei denn, er ist mit Rechtsgeschäften verbunden, die eine notarielle Beurkundung erfordern. Das ist beispielsweise bei der Einbringung von Grundstücken der Fall. Dann ergibt sich die Beurkundungspflicht aus § 311b Abs. 1 BGB. Dasselbe gilt, wenn die Stille Beteiligung geschenkt werden soll, § 518 BGB. Der Formmangel kann jedoch durch Vollzug der Schenkung geheilt werden.

2

Genehmigung

Sind Minderjährige oder betreute Personen als Stille Gesellschafter beteiligt, ist nicht nur die Vertretung durch die Eltern bzw. den Betreuer erforderlich, sondern darüber hinaus eine Genehmigung durch das Familiengericht einzuholen, §§ 1822 Nr. 3, 1643 Abs. 1 BGB. Auch wenn die Stille Gesellschaft kein „Handelsgeschäft" betreibt, liegt doch ein „Erwerbsgeschäft" im Sinne von § 1822 Nr. 3 BGB vor, denn der Zweck ist eine Gewinnerzielung. Die Einlage erhält der Stille Gesellschafter nur zurück, wenn der Unternehmer entsprechend liquide ist. Die Beteiligung ist somit nicht nur rechtlich vorteilhaft, sondern durchaus risikobehaftet.

Beiträge

Die Beiträge des Stillen Gesellschafters müssen nicht zwingend in einer Geldleistung bestehen. Auch die Leistung von Diensten oder die Überlassung von Gegenständen zur Nutzung ist denkbar. Da der Stille Gesellschafter nicht nach außen in Erscheinung tritt (insbesondere auch nicht ins Handelsregister eingetragen wird), entsteht kein Haftungsanschein nach außen, so dass es auch nicht auf eine Bewertung der Leistung ankommt. Der Beitrag des Unternehmens besteht in der Führung seines Unternehmens auf gemeinsame Rechnung.

Auslegung

Für die Auslegung und Inhaltskontrolle des Gesellschaftsvertrages gelten die üblichen Regeln wie auch bei anderen Personengesellschaften (vgl. Seite 18 f.). Es findet keine AGB-Kontrolle nach § 310 Abs. 4 BGB statt.

2

Treuepflicht und Wettbewerbsverbot

Auch in der Stillen Gesellschaft besteht eine wechselseitige Treuepflicht zwischen den Gesellschaftern. Der Gesellschaft selbst kann jedoch kein Anspruch aus Treuepflichtverletzung zustehen, da sie selbst nur Innengesellschaft ist. Führt ein Unternehmergesellschafter die Geschäfte nicht wie ein ordentlicher Kaufmann und fügt dem Unternehmen dadurch einen Schaden zu, kann der Stille Gesellschafter direkt Wiedergutmachung für sich beanspruchen. Andernfalls entstünde die absurde Situation, dass die Unternehmergesellschaft Schadensersatz an sich selbst leisten müsste.

Für den Stillen Gesellschafter gilt – anders als für den Unternehmergesellschafter – nicht per se ein Wettbewerbsverbot. Das Gesetz legt zwar kein solches fest, jedoch dürfte mit der Verpflichtung des Unternehmers, auf gemeinsame Rechnung Gewinne für das Unternehmen zu erzielen, eine Tätigkeit für ein Wettbewerbsunternehmen kaum vereinbar sein.

Für den Stillen Gesellschafter hingegen kann dies nur gelten, wenn er durch eine besondere Stellung Zugriff auf Interna oder Einflussmöglichkeiten hat.

Geschäftsführung und Vertretung

Da es sich bei der Stillen Gesellschaft um eine reine Innengesellschaft handelt, tritt sie nach außen nicht in Erscheinung und es bedarf auch keiner Geschäftsführung oder Vertretungsregeln. Das Handelsgeschäft, an dem der Stille Gesellschafter beteiligt ist, wird selbstverständlich von seinem Inhaber oder – wenn es sich um eine Gesellschaft handelt – deren Geschäftsführung vertreten. Ein Widerspruchsrecht des Stillen Gesellschafters gegen Geschäftsführungsmaßnahmen des Unternehmergesellschafters besteht nur, wenn dies vereinbart wurde.

Bei der Geschäftsführung hat sich der Unternehmergesellschafter an Vereinbarungen mit dem Stillen Gesellschafter zu halten. Eine Veräußerung oder Einstellung des Geschäftsbetriebs wäre in aller Regel vertragswidrig, da der Gesellschaftszweck dann nicht mehr erreicht werden kann. Ansonsten steht ihm bei der Geschäftsführung ein unternehmerischer Ermessensspielraum zu. Überschreitet der Unternehmergesellschafter seine Kompetenzen, kann der Stille Gesellschafter jedoch auf Unterlassung und ggf. Schadensersatz klagen.

Beispiel:

Eine eigenmächtige Änderung des wirtschaftlichen Betätigungsfelds durch einen der Unternehmergesellschafter würde eine Überschreitung seiner Kompetenz darstellen.

Informationsrechte

Es gelten die Regeln wie bei einem Kommanditisten, § 233 HGB (vgl. Seite 60). Außerdem steht dem Stillen Gesellschafter ein Auskunftsrecht zu, soweit dies zur Geltendmachung seiner gesellschaftsrechtlichen Ansprüche erforderlich ist.

Bei der Vertragsgestaltung wäre zu prüfen, ob diese Kontrollrechte ausreichend sind. Es ist durchaus möglich, diese vertraglich zu erweitern.

2

Gewinn- und Verlustbeteiligung

Gewinnbeteiligung

Dem Stillen Gesellschafter steht unbedingt ein Anspruch auf „angemessene" Gewinnbeteiligung zu, § 231 Abs. 1 HGB. Soll kein Gewinnbeteiligungsanspruch bestehen, handelt es sich per definitionem nicht um eine Stille Gesellschaft. Was unter „angemessen" zu verstehen ist, lässt das Gesetz offen. Es ist an den Gesellschaftern, hierzu eine klarstellende Regelung zu treffen, um Missverständnisse und damit einhergehend Streitigkeiten zu vermeiden.

Lässt ein Stiller Gesellschafter seine Einlage stehen, erhöht dies – anders als beim Kapitalanteil des OHG-Gesellschafters, § 120 HGB – seine Einlage nicht, § 232 Abs. 3 HGB. Es kann sich eventuell um ein Darlehen handeln. Die Parteien können aber auch etwas anderes vereinbaren.

Verlustbeteiligung

Eine Verlustbeteiligung kann ganz ausgeschlossen werden, § 231 Abs. 2 HGB. Ist nichts geregelt, gilt auch hier, dass der Stille Gesellschafter einen „angemessenen Anteil" zu tragen hat. Es ist also unbedingt erforderlich, eine konkrete, auf die individuellen Bedürfnisse der Gesellschaft zugeschnittene Regelung zu treffen. Der Verlustanteil wird dann von der Einlage abgebucht.

2

Gewinne können erst wieder entnommen werden, wenn diese die Einlage übersteigen. Eine Nachschusspflicht, wenn die Einlage aufgebraucht ist, besteht jedoch nicht. Auch eine Haftung gegenüber Gläubigern des Unternehmens braucht der Stille Gesellschafter nicht zu fürchten. Er haftet lediglich seinem Partner auf die Leistung der Einlage. Nur wenn er diese noch nicht geleistet hat, wäre es denkbar, dass ein Gläubiger diesen Anspruch des Unternehmergesellschafters gegen den Stillen Gesellschafter pfändet und Zahlung an sich verlangt.

Einlage in der Insolvenz

Gerät das Unternehmen in eine finanzielle Schieflage und muss Insolvenz anmelden, kann der Stille Gesellschafter seine Einlage wie jeder andere Gläubiger als Insolvenzforderung geltend machen. Verlustbeteiligungen sind jedoch in Abzug zu bringen. Der Gesellschaftsvertrag kann etwas anderes vorsehen. Die Stille Gesellschaft ist dann aufgelöst.

Unter bestimmten Umständen haftet die Einlage jedoch wie Eigenkapital des Unternehmens, nämlich dann, wenn sie Eigenkapitalcharakter hat. Das wäre beispielsweise der Fall, wenn der Stille Gesellschafter auch selbst am Unternehmen als Gesellschafter beteiligt ist oder gleiche Rechte im Unternehmen wie ein Gesellschafter ausüben kann. Dann kann der Insolvenzverwalter sogar eine noch nicht geleistete Einlage einfordern.

Gesellschafterwechsel

Eine Übertragung der Stillen Beteiligung ist nur mit Zustimmung des Unternehmergesellschafters möglich oder wenn dies bereits im Gesellschaftsvertrag vereinbart wurde.

Wenn der Stille Gesellschafter stirbt, tritt an seine Stelle sein Erbe, es sei denn, es ist auch hier anderes bestimmt.

Beim Tod des Untergesellschafters hingegen wird die Gesellschaft aufgelöst, § 727 BGB.

Fehlerhafte Gesellschaft

Prinzipiell kann es sinnvoll sein, hier ebenfalls die Grundsätze der fehlerhaften Gesellschaft anzuwenden. Das heißt, sie wird bis zur Geltendmachung des Unwirksamkeitsgrundes als wirksam behandelt – obwohl die Gesellschaft nach außen nicht in Erscheinung tritt und insofern nach außen kein schützenswertes Vertrauen auf Bestand der Stillen Gesellschaft entstehen konnte. Andererseits kann jedoch auch hier eine jahrelange Praxis mit Verrechnung von Verlusten und Gewinnen einer praktikablen Rückabwicklung entgegenstehen.

Die fehlerhafte Aufklärung des Stillen Gesellschafters durch den Unternehmergesellschafter kann auch Schadensersatzansprüche auf Rückzahlung der Einlage, also quasi eine Rückabwicklung, auslösen, §§ 311 Abs. 2 Nr. 1, 241 Abs. 2, 280 Abs. 1 BGB.

2

Auflösung

Kündigung durch Gesellschafter

Die Stille Gesellschaft kann von beiden Beteiligten ordentlich gekündigt werden, § 234 Abs. 1 HGB. Kündigungsbeschränkungen, wie die Einhaltung bestimmter Fristen, können im Gesellschaftsvertrag vereinbart werden. Ein gänzlicher Ausschluss des Kündigungsrechts wäre jedoch unzulässig.

Des Weiteren besteht ein außerordentliches Kündigungsrecht aus wichtigem Grund wie beim GbR-Gesellschafter, § 324 Abs. 1 Satz 2 HGB i. V. m. § 723 BGB. Als wichtiger Grund kommen beispielsweise dauerhafte Unrentabilität oder ein Verstoß gegen Vereinbarungen zur Geschäftsführung in Betracht.

Kündigung durch Gläubiger eines Gesellschafters

In Betracht kommt nur eine Kündigung durch den Gläubiger des Stillen Gesellschafters, § 234 Abs. 1 Satz 1 HGB i.V. m. § 135 HGB, nicht jedoch durch einen Gläubiger des Unternehmergesellschafters. Diesem steht ohnehin der Zugriff auf das Gesellschaftsvermögen offen.

Sonstige Auflösungsgründe

Die Gesellschafter können jederzeit einvernehmlich die Aufhebung der Gesellschaft beschließen.

Die Gesellschaft endet außerdem durch Zeitablauf, wenn eine bestimmte Laufzeit vereinbart war oder das Erreichen des Gesellschaftszwecks unmöglich geworden ist. Mangelnde Rentabilität reicht aber nicht ohne Weiteres. Im Zweifel wird eher an eine Kündigung zu denken sein.

Nach der Auflösung findet eine Auseinandersetzung statt. Der Stille Gesellschafter erhält sein Auseinandersetzungsguthaben, das in der Schlussrechnung ausgewiesen ist. Eine isolierte Geltendmachung von Einzelansprüchen ist nicht vorgesehen. Alle Posten werden in die Schlussrechnung eingestellt. Ist die Einlage noch nicht geleistet und eine Verlustbeteiligung vereinbart, kann der Unternehmergesellschafter noch nachträglich Leistung der Einlage in Höhe der Verlustbeteiligung verlangen.

2 Der Gesellschaftsvertrag kann jedoch auch andere Abwicklungsmodalitäten vorsehen, zum Beispiel eine Beteiligung an Wertsteigerungen oder -verlusten des Unternehmens wie bei der GbR.

5. Partnerschaft/Partnerschaft mit beschränkter Berufshaftung

Begriff

Die Partnerschaft ist eine Gesellschaftsform für Angehörige sogenannter freier Berufe, wie Ärzte, Architekten, Ingenieure, Rechtsanwälte, Steuerberater, Künstler, Dolmetscher etc. Sie betreibt kein Handelsgewerbe, § 1 Abs. 1 PartGG. Verlagert sich die Geschäftstätigkeit von einem freien Beruf zu einer gewerblichen Tätigkeit (was insbesondere bei Ingenieuren denkbar ist), wandelt sich die Gesellschaft automatisch zur OHG. Es sind zwingend mindestens zwei Partner oder mehr beteiligt.

Auf die Partnerschaftsgesellschaft (PartG) finden neben dem Partnerschaftsgesellschaftsgesetz teils Regeln zum Recht der GbR (§ 1 Abs. 4 PartGG), teils zum Recht der OHG (§§ 4 Abs. 1, 6 Abs. 3, 7 Abs. 2, 8 Abs. 1 PartGG u. a.) Anwendung.

Die Partnerschaftsgesellschaft wurde erst im Jahr 1995 eingeführt, um Freiberuflern, denen mangels Betreiben eines Gewerbes die Rechtsformen der OHG und KG verwehrt sind, neben der GbR eine geeignete Gesellschaftsform zur Verfügung zu stellen.

Partnerschaftsregister

Die Partnerschaftsgesellschaft wird nach außen erst wirksam, wenn sie ins Partnerschaftsregister eingetragen ist, § 5 PartGG. Wird die Gesellschaft schon vor der Eintragung tätig, handelt sie als GbR. Allerdings kann im Gesellschaftsvertrag vereinbart werden, dass man sich gegenseitig bereits vor der Eintragung wie in einer Partnerschaft behandelt.

Gesellschaftsvertrag

Berufsrecht

Ob und mit welchem Inhalt ein Gesellschaftsvertrag als Partnerschaftsgesellschaft von den Berufsträgern abgeschlossen werden kann, entscheidet das einschlägige Berufsrecht. Die einschlägigen berufsrechtlichen Vorgaben (z. B. in den Baukammergesetzen der Länder für Ingenieure und Architekten oder der Berufsordnung für Ärzte) sind zu beachten.

2

Form

Der Gesellschaftsvertrag muss schriftlich abgeschlossen werden, § 3 PartGG. Bei Formfehlern oder fehlenden Angaben erfolgt keine Eintragung ins Register. Wird die Gesellschaft dennoch (fehlerhaft) eingetragen, gilt sie trotzdem als wirksam.

Der Name der Gesellschaft muss den Zusatz „und Partner" oder „Partnerschaft" sowie die Berufsbezeichnung aller in der Partnerschaft enthaltenen Berufe enthalten, § 2 PartGG. Der Zusatz „und Partner" oder „Partnerschaft" darf nur von Partnerschaftsgesellschaften geführt werden, § 11 Abs. 1 PartGG.

Geschäftsführung und Vertretung

Gemäß §§ 6 Abs. 3, 7 Abs. 3 PartGG gelten für die Geschäftsführung und Vertretung die für die OHG maßgeblichen Bestimmungen entsprechend (vgl. Seite 45 ff.).

Nach § 6 Abs. 2 PartGG ist jedoch – anders als in der OHG – kein völliger Ausschluss eines Gesellschafters von der Geschäftsführung möglich. Die Erbringung seiner beruflichen Leistung muss ihm gestattet sein.

Rechts- und Parteifähigkeit

Die Partnerschaftsgesellschaft ist rechts- und parteifähig, § 7 Abs. 2 PartGG i. V. m. § 124 HGB. Sie ist ebenfalls wie die GbR oder OHG Gesamthandsgemeinschaft, § 1 Abs. 4 PartGG.

2

Haftung

Partnerschaftsgesellschaft (PartG)

Nach § 8 Abs. 1 PartGG gelten im Prinzip die Haftungsregeln der OHG, § 128 HGB, das heißt die Partner haften persönlich unbeschränkt für Verbindlichkeiten der Gesellschaft. Fügt ein Gesellschafter einem Auftraggeber bei der Bearbeitung einen Schaden zu, wird dieser Fehler der Gesellschaft zugerechnet, § 31 BGB analog: sie haftet dafür.

Für die Schulden der Gesellschaft haften wiederum alle Gesellschafter, so dass an sich auch die nicht an der Bearbeitung beteiligten Gesellschafter für Fehler ihrer Mitgesellschafter haften.

§ 8 Abs. 2 PartGG macht von diesem Grundsatz für die Partnerschaftsgesellschaft eine Ausnahme: Demnach haften für *berufliche Fehler* neben der Gesellschaft nur die mit der Bearbeitung befassten Partner, wobei untergeordnete Arbeitsanteile außer Betracht bleiben. Allerdings haftet beispielsweise auch ein neu eingetretener Partner, der den Auftrag weiter bearbeitet, für Fehler, die sein Vorgänger in der Partnerschaft bereits gemacht hat. Er muss den Fehler also nicht selbst begangen haben, es reicht, dass er mit der Bearbeitung befasst war.

Partnerschaftsgesellschaft mit beschränkter Berufshaftung (PartG mbB)

Das Gesetz ermöglicht es, auch die soeben angeführte „Handelndenhaftung" für Berufsfehler auf die Gesellschaft zu begrenzen: Voraussetzung ist, dass die Gesellschaft eine Berufshaftpflichtversicherung mit bestimmter Mindestversicherungssumme abgeschlossen hat, § 8 Abs. 4 PartGG. Welchen Inhalt und welche Deckungssummen diese Versicherung konkret aufweisen muss, richtet sich nach dem jeweiligen Berufsrecht.

Die Partnerschaft muss in ihrem Namen auf die beschränkte Berufshaftung hinweisen, zum Beispiel mit dem Zusatz „mbB" = „mit beschränkter Berufshaftung".

Diese besondere Möglichkeit zur Haftungsbegrenzung steht nur Freiberuflern offen, die sich zur Partnerschaft zusammengeschlossen haben. Für Kaufleute besteht diese Möglichkeit nicht. Ihnen steht jedoch stattdessen die Rechtsform der KG zur Verfügung, die ebenfalls eine weitgehende persönliche Haftungsbeschränkung ermöglicht. Freiberufler hingegen können sich, da sie kein Handels-gewerbe betreiben, nicht in Form einer KG zusammenschließen. Als Ausgleich wurde die „PartG mbB" vom Gesetzgeber geschaffen.

Die besondere Haftungsbegrenzung sowohl der PartG als auch der Sonderform der PartG mbB gilt jedoch ausdrücklich nur für berufliche Fehler, nicht für andere Ansprüche. Für Verbindlichkeiten, beispielsweise aus der Anschaffung von Büroausstattung oder für Gehälter der Angestellten, verbleibt es bei der Gesellschafterhaf-tung neben der Haftung der Gesellschaft als solcher.

2

Gesellschafterwechsel

Die Übertragung eines Gesellschafteranteils richtet sich nach den Vorschriften zur GbR (vgl. Seite 35 f.). Somit ist die Zustimmung aller Partner erforderlich. Die Übertragung ist selbstverständlich nur auf eine Person möglich, die die gesetzlichen und berufsrechtlichen Voraussetzungen erfüllt. Sie muss also jedenfalls einen freien Beruf ausüben und hierzu berechtigt sein.

Für das Ausscheiden von Partnern gelten die Regeln zur OHG, § 9 Abs. 1 PartGG.

Die Gesellschaft wird auch bei Tod eines Partners fortgesetzt. Der Anteil ist prinzipiell auch nicht vererblich. Der Gesellschaftsvertrag kann jedoch etwas anderes bestimmen. Der Anteilsübernehmer muss aber wiederum die gesetzlichen und berufsrechtlichen Vor-gaben erfüllen.

Verliert ein Partner seine berufsrechtliche Zulassung, scheidet er auch aus der Partnerschaft aus, § 9 Abs. 3 PartGG.

Auflösung und Beendigung

Die Auflösung der Partnerschaft richtet sich nach Regeln der OHG, § 9 Abs. 1 PartGG, ebenso die Liquidation, § 19 Abs. 1 PartGG.

6. Europäische Wirtschaftliche Interessenvereini-gung

Begriff

Geregelt ist die Europäische Wirtschaftliche Interessenvereinigung (EWIV) in der Verordnung des Rates der Europäischen Gemein-schaften vom 31.07.1985, Nr. L 199/1. Ergänzend gilt das deutsche

2

EWIV-Ausführungsgesetz (EWIV-AG) und – soweit sich dort keine Regeln finden – das Recht der OHG.

Sie wird ins Handelsregister eingetragen, § 2 EWIV-AG.

Die EWIV hat den Zweck, die wirtschaftliche Tätigkeit ihrer Mitglieder zu unterstützen, Art. 3 Abs. 1 der VO, sie hat nicht den Zweck, selbst Gewinn für sich zu erzielen. Es müssen zwingend mindestens zwei Mitglieder vorhanden sein, die ihre Haupttätigkeit oder Hauptverwaltung in verschiedenen Staaten der EU haben. Dabei kann es sich um natürliche Personen oder Gesellschaften handeln. Es handelt sich also um eine grenzüberschreitende Kooperation.

Beispiel:

Denkbar ist die Gründung einer EWIV zur Durchführung gemeinsamer Forschungsvorhaben oder für Werbungszwecke.

Gesellschaftsvertrag

Nach Art. 5 der VO muss im Gesellschaftsvertrag der Name der EWIV wiedergegeben sein. Sie führt stets den Zusatz „EWIV". Des Weiteren müssen sowohl der Sitz der Mitglieder als auch der EWIV bestimmt werden. Auch Angaben zum Unternehmensgegenstand müssen enthalten sein. Die Beitragspflicht muss hingegen nicht festgelegt werden.

Treuepflicht

Wie in allen anderen gesellschaftsrechtlichen Verbindungen besteht auch im Rahmen einer EWIV eine Treuepflicht der Beteiligten untereinander.

Rechts- und Parteifähigkeit

Die EWIV kann von ihrer Eintragung ins Handelsregister an Trägerin von Rechten und Pflichten sein, Art. 1 Abs. 2 der VO. Sie ist auch parteifähig, § 1 EWIV-AG i. V. m. § 124 HGB.

Geschäftsführung

Das Prinzip der Selbstorganschaft, das heißt Führung der Geschäfte zwingend durch einen Gesellschafter, gilt hier nicht. Sie kann durch jede natürliche Person, die die Gesellschafter bestimmen, geführt werden, Art. 19 der VO.

Die bestellten Geschäftsführer haben Einzelvertretungsbefugnis – falls nichts anderes vereinbart wird, Art. 20 der VO. Bei einer Pflichtverletzung haften sie der Gesellschaft auf Schadensersatz, § 5 EWIV-AG.

Gesellschafterversammlung

2

Die Geschäftsführung wird in der Regel durch die Gesellschafterversammlung überwacht. Diese kann Weisungen erteilen. Allerdings kann der Gesellschaftsvertrag auch andere Kontrollgremien bestimmen (z. B. einen Gesellschafterausschuss).

Den Gesellschaftern steht gegenüber der Geschäftsführung ein Auskunfts- und Einsichtsrecht zu, Art. 18 der VO.

Die Beschlussfassung durch die Gesellschafter erfolgt – sofern der Gesellschaftsvertrag nichts anderes vorsieht – einstimmig, Art. 17 der VO, wobei jedes Mitglied eine Stimme hat. Die Stimmen können auch anders verteilt werden. Unzulässig wäre es jedoch, einem Mitglied Stimmenmehrheit zu erteilen. Für besonders wichtige Beschlussgegenstände sieht die Verordnung zwingend eine einstimmige Beschlussfassung vor.

Beispiel:

Bei einer Änderung des Gesellschaftszwecks oder einer Beitragsänderung muss die Beschlussfassung einstimmig sein.

Haftung

Die Gesellschafter haften unbeschränkt als Gesamtschuldner für die Verbindlichkeiten der EWIV, Art. 24 der VO. Gesamtschuldnerschaft bedeutet, dass der Gläubiger sich aussuchen kann, von wem er konkret die Leistung fordert, § 421 BGB. Die Gesellschafter können den Gläubiger jedoch zunächst darauf verweisen, zuvor die EWIV in Anspruch zu nehmen. Nur wenn diese innerhalb einer angemessenen Frist keine Leistung erbringt, besteht die Eintrittspflicht der Gesellschafter, Art. 24 Abs. 2 der VO.

Bei Verlusten besteht eine Nachschusspflicht der Gesellschafter, Art. 21 Abs. 2 der VO.

Ausscheiden und Gesellschafterwechsel

Kündigung

Ein Gesellschafter kann seine Mitgliedschaft gemäß Art. 27 der VO kündigen. Die EWIV wird dadurch nicht aufgelöst. Wenn die übrigen Mitglieder der Kündigung nicht zustimmen, müssen evtl. im Gesellschaftsvertrag bestimmte Kündigungsmodalitäten eingehalten werden. Darüber hinaus ist stets eine Kündigung aus wichtigem Grund möglich, Art. 27 Abs. 1 Satz 2 der VO.

2

Tod eines Gesellschafters

Stirbt ein Gesellschafter, scheidet er ebenfalls aus, die EWIV wird fortgesetzt. Der Gesellschaftsvertrag kann vorsehen, dass der Anteil vererbt oder sonst übertragen wird, Art. 28 der VO.

Ausschluss

Auch ein Ausschluss von Gesellschaftern ist möglich, Art. 27 Abs. 2 der VO. Der Gesellschaftsvertrag kann Ausschlussgründe festlegen. Darüber hinaus ist ein Ausschluss bei grobem Pflichtenverstoß möglich.

Abfindung

Scheidet ein Mitglied – egal aus welchem Grund – aus der EWIV aus, ist sein Auseinandersetzungsguthaben bzw. seine -schuld gegenüber der EWIV zu ermitteln. Eine vorherige pauschale Festlegung in Form einer Abfindung bereits im Gesellschaftsvertrag ist unzulässig, Art. 33 der VO.

Abtretung

Die Beteiligung kann auch abgetreten werden, Art. 22 der VO. Dies setzt die Zustimmung aller übrigen Mitglieder voraus, Art. 22 der VO.

Aufnahme neuer Mitglieder

Dasselbe gilt für die Aufnahme neuer Mitglieder, Art. 26 der VO. Der neu eingetretene Gesellschafter haftet auch für vor seinem Eintritt begründete Verbindlichkeiten der EWIV.

Auflösung und Beendigung

Die Gesellschaft wird durch einen Auflösungsbeschluss der Gesellschafter aufgelöst, der einstimmig sein muss, sofern der Gesellschaftsvertrag keine andere Regelung bestimmt, Art. 31 der VO. Sofern vertraglich festgesetzte Auflösungsgründe bestehen, der Gesellschaftszweck erreicht oder unmöglich geworden ist, muss die Gesellschaft aufgelöst werden. Weigern sich Mitglieder an einer entsprechenden Beschlussfassung mitzuwirken, kann jedes Mitglied die Anordnung der Auflösung bei Gericht beantragen. Ein solches Antragsrecht besteht auch aus sonstigem wichtigen Grund, Art. 32 Abs. 2 der VO.

2

Nach dem Auflösungsbeschluss wird die Gesellschaft abgewickelt. Dies ist Aufgabe der Geschäftsführung, sofern die Gesellschafter nichts anderes bestimmen, § 10 EWIV-AG.

7. Partenreederei

Die Partenreederei ist eine spezielle Gesellschaftsform zur gemeinschaftlichen Nutzung eines Seeschiffes zu Erwerbszwecken, § 489 HGB a. F.

Mit der Reform des Seehandelsrechts wurde diese Gesellschaftsform abgeschafft. Sie hatte wegen der persönlichen Haftung der Mitreeder keine besondere wirtschaftliche Bedeutung erlangen können. Für vor dem 25.04.2013 gegründete Partenreedereien gelten die alten Rechtsvorschriften fort. Auf eine nähere Beschreibung dieser Regeln kann wegen der schwindenden Bedeutung verzichtet werden.

Körperschaften

3

1. Rechtsfähiger Verein

Das Recht, sich in Vereinen zusammenzuschließen und tätig sein zu dürfen, wird verfassungsrechtlich garantiert, Art. 9 Abs. 1 GG.

Eingetragene Vereine (e. V.) sind besonders häufig auf sportlichen, kulturellen oder karitativen Gebieten tätig. Auch Arbeitgeberverbände sind oft in der Form eines rechtsfähigen Vereins organisiert.

Wirtschaftlich tätige Vereine sind zwar rechtlich möglich, sie erhalten ihre Rechtsfähigkeit jedoch nur durch staatliche Verleihung, § 22 BGB, weshalb sie nur sehr selten vorkommen. Vereine mit anderen Zweckrichtungen (Idealvereine) erhalten die Rechtsfähigkeit bereits mit der Eintragung ins Vereinsregister, § 21 BGB.

Das bedeutet jedoch nicht, dass einem Idealverein jegliche wirtschaftliche Betätigung untersagt wäre. Soweit diese lediglich untergeordnete Bedeutung hat, schadet dies der Anerkennung als Idealverein nicht (sog. Nebenzweckprivileg). Die Abgrenzung ist bisweilen schwierig. Nach der Rechtsprechung soll entscheidend sein, ob der Verein planmäßig und auf Dauer wie ein Kaufmann am Marktgeschehen nach außen teilnimmt. Auch Aspekte des Gläubigerschutzes spielen eine Rolle.

Gründung

Gründungsablauf

Die Gründer erarbeiten und beschließen die Satzung des Vereins und bestellen sodann den Vorstand. Dieser meldet den Verein zur Eintragung ins Vereinsregister an. Die Eintragung soll nur erfolgen, wenn mindestens sieben Mitglieder vorhanden sind, § 56 BGB. Sinkt die Mitgliederzahl später auf unter drei, erfolgt die Entziehung der Rechtsfähigkeit des Vereins durch das Amtsgericht, § 73 BGB.

Vorverein

Zwischen dem Gründungsakt und der Registereintragung vergeht somit eine gewisse Zeit. Der Verein hat noch keine Rechtsfähigkeit, er ist „Vorverein". Schließen Vereinsmitglieder oder der Vorstand bereits für den Verein Verträge ab, haften sie deshalb auch persönlich, § 54 Satz 2 BGB. Wird der Verein später eingetragen, ist umstritten, ob die persönliche Haftung wieder erlischt. Höchstrichterlich ist diese Frage noch nicht geklärt.

Satzung

Mindestinhalt

Die Eintragung des Vereins in das Vereinsregister erfordert gemäß § 57 BGB einen gewissen Mindestinhalt der Satzung:

- Nennung des Vereinszwecks

- Name des Vereins

- Sitz des Vereins

Die Satzung muss dem Antrag auf Eintragung beigefügt werden. Fehlt dieser Mindestinhalt, so erfolgt auch keine Eintragung.

Darüber hinaus sollen folgende Punkte geregelt werden, § 58 BGB:

3

- Ein- und Austrittsbedingungen

- Art und Höhe der Beiträge

- Vorstandswahl

- Einberufung der Mitgliederversammlung, die Form derselben sowie Beurkundung der Beschlüsse

Die Satzung muss von mindestens sieben Mitgliedern unterzeichnet werden und den Tag der Errichtung angeben, § 59 Abs. 3 BGB. Sie ist dem Vereinsregister vorzulegen. Eine mangelhafte Satzung führt zu einer Zurückweisung des Eintragungsantrags, § 60 BGB. Eine Eintragung, die gegen Muss-Vorschriften verstößt, wird von Amts wegen wieder gelöscht, § 395 FamFG. Bei einem Verstoß gegen „Soll-Vorschriften" ist die Eintragung hingegen dennoch wirksam, sofern sie – versehentlich – erfolgt.

Auslegung

Die Satzung ist nicht nach den Vorstellungen der Gründer, sondern objektiv so auszulegen, wie ein verständiger Dritter sie verstehen darf. Das folgt daraus, dass im Laufe der Zeit neue Mitglieder beitreten werden und diesen die individuellen Vorstellungen der Gründungsmitglieder nicht bekannt sein dürften. Bei der Interpretation von unklaren Regeln wird man sich aber jedenfalls am Vereinszweck orientieren können. So kann auch eine langjährige tatsächliche Übung im Verein, die mit den Regeln in der Satzung nicht übereinstimmt, zu einer konkludenten Satzungsänderung führen. Zumindest kann man argumentieren, dass sich ein Mitglied in diesem Fall nicht plötzlich auf die anderslautende Satzung berufen darf.

Inhaltskontrolle

Auch hier gilt, dass Satzungsregeln selbstverständlich nicht gegen geltendes Recht und die guten Sitten verstoßen dürfen, §§ 134, 138 BGB. Auch die Generalklausel des § 242 BGB (Treu und Glauben) gilt es zu beachten. Konflikte können insbesondere dann auftreten, wenn Vereinsmitgliedern besondere Pflichten auferlegt oder gegen sie Sanktionen verhängt werden (z. B. Wettkampfsperren bei Sportlern, Abführung von Gewinnen).

Vereinsordnung

3

Neben der Satzung kennt das Vereinsrecht noch sog. Vereinsordnungen. Diese stehen rangmäßig unterhalb der Satzung und können in der Regel leichter geänderten Bedingungen angepasst werden. Der Erlass von solchen Ordnungen kann in der Satzung auch anderen Vereinsorganen als der Mitgliederversammlung übertragen werden (z. B. Ausschüssen).

Grundentscheidungen zur Vereinstätigkeit gehören jedoch in die Satzung, nicht in die Vereinsordnung. Hierzu zählen nach der Rechtsprechung zum Beispiel Vereinsstrafen und Regeln zum Mitgliederausschluss. Im Einzelnen kann die Abgrenzung oft schwierig sein.

Treuepflicht und Gleichbehandlung

Zwischen den Vereinsmitgliedern und zum Verein als solchen gilt auch hier die gesellschaftsrechtliche Treuepflicht.

Beispiel:

Diese kann bei einer außerordentlichen Beitragserhöhung zum Tragen kommen, wenn der Verein sonst nicht fortbestehen kann.

Auch der Gleichbehandlungsgrundsatz gilt im Vereinsrecht. Allerdings ist eine differenzierende Behandlung von Mitgliedern aus sachlichem Grund (z. B. längere Trainingszeiten für die Spitzensportler, kürzere für die Freizeitsportler) zulässig. Außerdem können auch bereits in der Satzung entsprechende Regeln getroffen werden, so dass von einer Zustimmung der Mitglieder auszugehen ist.

Nach § 35 BGB können einzelnen Mitgliedern auch Sonderrechte eingeräumt werden.

Vereinsautonomie

Unter Vereinsautonomie versteht man die Befugnis des Vereins, seine Angelegenheiten selbst ohne Einmischung von außen zu gestalten. Mit dieser Vereinsautonomie wäre es deshalb unvereinbar, wenn die Mitgliederversammlung das Recht zur Bestellung des Vorstands unabänderlich auf einen Außenstehenden übertragen würde.

Dasselbe gilt, wenn die Möglichkeit einer Satzungsänderung an extrem hohe Voraussetzungen geknüpft würde, zum Beispiel an eine völlig unrealistische Mindestteilnehmerzahl in der Versammlung. Auch eine solche Regelung kann problematisch sein.

3

Vorstand

Vertretung

Der Verein wird durch den Vorstand vertreten, § 26 BGB. Der Umfang der Vertretungsmacht kann durch Satzung beschränkt werden. Wird die Beschränkung nicht ins Vereinsregister eingetragen, kann sich der Verein auf die Beschränkung der Vollmacht jedoch nicht berufen, wenn der Dritte nichts von der Beschränkung weiß.

Besteht der Vorstand aus mehreren Personen, so wird der Verein durch die Mehrheit der Vorstandsmitglieder vertreten. Entscheidungen des Vorstands werden durch Mehrheitsbeschluss gefasst, § 28 BGB. Wird gegenüber dem Verein eine Willenserklärung abgegeben, genügt jedoch auch bei mehreren Vorstandsmitgliedern die Abgabe gegenüber einem Vorstandsmitglied.

Die Mitgliederversammlung ist gegenüber dem Vorstand weisungsbefugt, §§ 27 Abs. 3, 665 BGB.

Bestellung und Anstellung

Der Vorstand wird durch die Mitgliederversammlung gewählt und bestellt, § 27 Abs. 1 BGB. Oftmals wird daneben ein entsprechender Anstellungsvertrag zwischen Verein und Vorstandsmitglied abgeschlossen. Hierbei handelt es sich jedoch nur bei größeren Vereinen in der Regel um einen regulären Dienstvertrag, bei kleineren Vereinen wird der Vorstand oft unentgeltlich tätig. Es gilt dann das Auftragsrecht des BGB, §§ 664 bis 670 BGB, § 27 Abs. 3 BGB.

Die Bestellung ist jederzeit widerruflich, § 27 Abs. 2 BGB. Ein eventuell vorliegender Anstellungsvertrag müsste jedoch zusätzlich gekündigt werden. Bestellung und Anstellung sind auseinanderzuhalten und folgen jeweils unterschiedlichen Regeln.

Haftung

Der Vorstand haftet für die ordnungsgemäße Erfüllung seiner Aufgaben, insbesondere ist er unter anderem für die Abführung von Steuern und Sozialabgaben verantwortlich.

Allerdings haften Vorstandsmitglieder, die keine oder nur eine geringe Vergütung bis zu 720 Euro jährlich erhalten, gegenüber dem Verein nur für Vorsatz und grobe Fahrlässigkeit, § 31a Abs. 1 BGB. Auch wenn ein Dritter sie aus der Vorstandstätigkeit auf Schadensersatz in Anspruch nimmt, kann das Vorstandsmitglied vom Verein Freistellung verlangen, sofern es nicht vorsätzlich oder grob fahrlässig gehandelt hat, § 31a Abs. 2 BGB.

Eine weitere Reduzierung des Haftungsrisikos wird durch die in der Regel jährlich erteilte „Entlastung" des Vorstands durch die Mitgliederversammlung erreicht. Mit dieser Entlastung entfallen alle Ansprüche gegen den Vorstand wegen fehlerhafter Geschäftsführungsmaßnahmen, die bekannt waren oder hätten bekannt sein müssen.

Soll ein Vorstandsmitglied vom Verein auf Schadensersatz verklagt werden, ist hierfür die Mitgliederversammlung zuständig, die einen eigens hierfür benannten Vertreter benennen kann. Die Rechtsfigur der actio pro socio (vgl. Seite 178), wonach jeder Gesellschafter in eigenem Namen auf Leistung an die Gesellschaft klagen kann, gilt im Vereinsrecht nicht. Dies deshalb, weil das einzelne Mitglied nicht über einen verwertbaren eigenen Anteil am Verein verfügt, der auf diese Weise zu schützen wäre. Weigert sich die Mitgliederversammlung, einen Anspruch gegen ihr Mitglied oder den Vorstand geltend zu machen, kann das Vereinsmitglied auf die Fassung eines entsprechenden Beschlusses dringen und ggf. bei Ablehnung Klage erheben.

Mitgliederversammlung

Zuständigkeit

Die Mitgliederversammlung ist das oberste Organ des Vereins. Sie regelt die Angelegenheiten des Vereins, soweit nicht der Vorstand oder ein anderes Vereinsorgan zuständig ist, § 32 BGB. Sie ist zuständig für die Bestellung und Abberufung des Vorstands, § 27 BGB, und entscheidet über Satzungsänderungen, § 33 BGB. Die Übertragung von Kompetenzen der Mitgliederversammlung durch die Satzung ist jedoch prinzipiell möglich, § 40 BGB.

Stimmrechtsausübung

3

Die Versammlung entscheidet durch Beschluss. Stimmberechtigt sind grundsätzlich alle Mitglieder. Wenn es um ein Rechtsgeschäft oder einen Rechtsstreit mit einem Mitglied geht, so ist das betroffene Mitglied von der Stimmberechtigung ausgeschlossen, § 34 BGB. Handelt es sich lediglich um einen internen Organisationsakt, gilt der Stimmrechtsausschluss nicht. Bei einer außerordentlichen Maßnahme aus wichtigem Grund soll jedoch wiederum ein Stimmrechtsausschluss greifen.

Beispiel:

Ein interner Organisationsakt ist etwa die Entscheidung darüber, ob ein Mitglied zum Vorstand bestellt werden soll. Eine außerordentliche Maßnahme aus wichtigem Grund stellt die Abberufung des Vorstands aus wichtigem Grund dar.

Das Recht zur Stimmrechtsausübung kann nicht an einen außenstehenden Dritten abgetreten werden (sog. Abspaltungsverbot). Das Vereinsgeschehen soll in der Hand der Mitglieder bleiben. Dem steht jedoch eine Bevollmächtigung nicht entgegen, soweit dies die Satzung zulässt, § 38 Satz 2 BGB. Diese bleibt also möglich, jedenfalls solange die Bevollmächtigung nicht unwiderruflich erteilt wird.

Stimmbindungsverträge zwischen Mitgliedern untereinander oder Dritten sind prinzipiell unter gewissen Einschränkungen zulässig. Auch hierbei dürfen gewisse Grenzen der Bindung nicht überschritten werden. Eine Kündigung zumindest aus wichtigem Grund muss möglich bleiben.

Im Übrigen hat das Mitglied bei der Stimmrechtsausübung die Treuepflicht gegenüber dem Verein zu beachten. Es dürfen also keine schädigenden Beschlüsse gefasst werden.

Beschlussfassung

Soweit die Satzung nichts anderes vorsieht, werden Beschlüsse mit einfacher Mehrheit gefasst, § 32 Abs. 1 Satz 3 BGB. Bei einer Satzungsänderung ist eine 2/3-Mehrheit erforderlich, § 33 Abs. 1 Satz 1 BGB, bei einer Änderung des Vereinszwecks sogar Einstimmigkeit, § 33 Abs. 1 Satz 2 BGB.

3 *Beschlussmängel*

Ein Beschluss kann aus verfahrensrechtlichen oder inhaltlichen Gründen mangelhaft sein.

Das Verfahren der Beschlussfassung wird in der Satzung geregelt. Wichtig ist bei der Einberufung stets, den Tagesordnungspunkt hinreichend konkret zu bezeichnen, so dass sich die Mitglieder ein Bild davon machen können, worum es geht. Pauschale Angaben wie „Verschiedenes" oder „Satzungsänderung" sind zu unbestimmt.

Beispiel: _____

Inhaltliche Beschlussfehler sind Verstöße gegen die Rechtsordnung, die Treuepflicht oder den Gleichbehandlungsgrundsatz.

Ein Beschlussmangel führt an sich zur Nichtigkeit des Beschlusses. Allerdings differenziert die Rechtsprechung nach der Relevanz des Verstoßes, also danach, ob der Fehler objektiv geeignet war, Mitgliedschaftsrechte und das Beschlussergebnis zu beeinflussen. Teils wird auch vorgeschlagen, nach der Schwere des Verstoßes zu differenzieren. Im Einzelnen ist hier vieles umstritten und würde diese Darstellung überlasten. Steht die Wirksamkeit eines Beschlusses infrage, ist genau zu prüfen, worauf der Mangel beruht und wie sich dieser ausgewirkt hat. Auch sollte ein Mitglied nicht allzu lange mit der Geltendmachung der Unwirksamkeit warten, da teils auch eine „alsbaldige" Rüge gefordert wird, um Rechtssicherheit für den Verein zu gewährleisten.

Mitgliedschaft

Beitritt

Die Mitgliedschaft wird durch Beitritt zum Verein erworben.

Bisweilen kommt es vor, dass einem Interessenten die Aufnahme vom Verein verwehrt wird. Grundsätzlich hat der Verein zwar das Recht dazu, die Aufnahme zu verweigern. Jedoch kann ausnahmsweise eine Aufnahmepflicht bestehen, wenn dem Verein eine überragende Machtstellung im sozialen, wirtschaftlichen oder politischen Bereich zukommt. In diesem Fall hat der Bewerber keine Alternative.

Bei Tarifvertragsparteien und anderen beruflichen Vereinigungen kann § 18 AGG eingreifen, so dass eine Aufnahmeverweigerung jedenfalls nicht auf diskriminierende Gründe nach § 1 AGG gestützt werden darf (das heißt Rasse, ethnische Herkunft, Geschlecht, Religion oder Weltanschauung, Behinderung, Alter oder sexuelle Identität).

3

Informationsrechte

Auch wenn im Gesetz kein ausdrückliches Informationsrecht des Mitglieds gegen den Verein genannt ist, wird ein solches prinzipiell zugestanden. Einsicht in Unterlagen muss jedoch nur gewährt werden, wenn dies zur Wahrnehmung von Mitgliedschaftsrechten unabdingbar erforderlich ist und keine höherrangigen Geheimhaltungsinteressen entgegenstehen. Die Geschäftsführung darf durch die Ausübung des Einsichtsrechts nicht übermäßig strapaziert werden.

Sonderrechte

Satzungsmäßige Sonderrechte für einzelne Mitglieder (z. B. ein erhöhtes Stimmrecht) können nur mit deren Zustimmung wieder entzogen werden, es sei denn, die Satzung bestimmt etwas anderes, §§ 40, 35 BGB. Bei der Einräumung von Sonderrechten ist jedoch stets auch der allgemeine Gleichbehandlungsgrundsatz zu berücksichtigen: Eine sachwidrige Schlechterstellung von einzelnen Mitgliedern, zum Beispiel bei der Beitragsfestlegung, ist hiermit nicht zu vereinbaren. Die Auferlegung von Sonderpflichten bedarf also ebenso der Zustimmung des Mitglieds.

Haftung für Schulden des Vereins

Die Mitglieder haften vom Grundsatz her nicht für die Schulden des Vereins. Allerdings kann ausnahmsweise eine sogenannte Durchgriffshaftung bestehen:

Eine solche kommt in Betracht, wenn der Verein ganz offensichtlich nicht mit ausreichenden Finanzmitteln durch die Mitglieder ausgestattet wurde. Zu berücksichtigen wäre zugunsten des einzelnen Mitglieds jedoch, ob es Kenntnis von der Unterkapitalisierung hatte und es dagegen etwas hätte tun müssen.

3

Praxis-Tipp:

Auch wenn das Vermögen des Vereins mit privatem Vermögen eines Mitglieds vermischt wird, kann eine Durchgriffshaftung entstehen. Es ist also dringend anzuraten, das Vereinsvermögen strikt getrennt von anderen Vermögensmassen zu führen.

Schließlich kann es zu einer Durchgriffshaftung auf einzelne Mitglieder kommen, wenn diese den Verein so stark schädigen, dass seine Existenzvernichtung droht.

Teils wird auch vorgeschlagen, bei einem Missbrauch der Vereinsform für wirtschaftliche Zwecke eine persönliche Haftung der Mitglieder zuzulassen, sozusagen als „Strafe" für den Rechtsformmissbrauch. Die Rechtsprechung hat eine persönliche Haftung aus diesem Grund jedoch bislang verneint.

Austritt

Ein Austritt kann prinzipiell jederzeit erfolgen. Allerdings kann die Satzung gewisse Kündigungsfristen vorsehen, die jedoch nicht länger als zwei Jahre sein dürfen, § 39 Abs. 2 BGB.

Ausschluss

Auch ein Ausschluss aus dem Verein aus wichtigem Grund ist möglich. Im Übrigen können auch hier in der Satzung genauere Modalitäten geregelt werden. Die gerichtliche Überprüfung folgt den Regeln zur Vereinsstrafe (vgl. Seite 93).

Übertragung der Mitgliedschaft

Eine Übertragung oder Vererbung der Mitgliedschaft ist gesetzlich nicht vorgesehen, § 38 Satz 1 BGB. Allerdings kann auch hier die Satzung etwas anderes vorsehen, § 40 BGB.

Vereinsstrafen

Unerwünschte Verhaltensweisen von Mitgliedern versuchen Vereine oftmals durch die Verhängung von Geldbußen oder Vereinsstrafen zu unterbinden. Rechtmäßig sind solche Vereinsstrafen jedoch nur, wenn sie

- in der Satzung hinreichend bestimmt niedergelegt,

- in einem ordnungsgemäßen Verfahren zustande gekommen,

- durch sachliche Gründe gerechtfertigt sind und

- elementare rechtsstaatliche Normen eingehalten werden.

3

Auflösung und Beendigung des Vereins

Abgesehen von einer vom Registergericht vorgenommen Löschung des Vereins aus dem Register wegen Fehlens wesentlicher Voraussetzungen (vgl. Seite 88 f.) kann der Verein auch durch Beschluss seiner Mitglieder aufgelöst werden, § 41 BGB. Auch die Eröffnung eines Insolvenzverfahrens führt zur Auflösung, § 42 BGB.

Sofern nicht der Sonderfall der Insolvenz vorliegt, gelten für die Abwicklung die Vorschriften der § 45 ff. BGB. Das Vereinsvermögen fällt an den in der Satzung bestimmten „Anfallberechtigten", § 45 BGB, der ein Liquidationsverfahren durchzuführen hat, § 47 BGB. Ist kein Anfallberechtigter bestimmt, fällt das Vereinsvermögen an den Fiskus, § 46 BGB.

2. Nicht rechtsfähiger bürgerlich-rechtlicher Verein

Als nicht rechtsfähige Vereine organisiert sind nicht nur kleine Vereine mit geringer Mitgliederzahl, sondern auch nach wie vor politische Parteien oder Gewerkschaften.

§ 54 BGB bestimmt, dass auf Vereine, die keine Rechtsfähigkeit durch Eintragung ins Vereinsregister erlangt oder diese wieder verloren haben, die Vorschriften der GbR entsprechend gelten sollen. Das führt zur persönlichen Haftung der Mitglieder und des jeweils für die Vereinigung Handelnden. Dennoch wendet die Rechtsprechung oftmals auch für diese Zusammenschlüsse Vereinsrecht an. Auch Mischformen sind denkbar. Bei wirtschaftlichen Vereinen kommt zwingend Gesellschaftsrecht zur Anwendung mit der Konsequenz der persönlichen Haftung.

Letztlich führt die Anwendung von Vereinsrecht auch auf den an sich nicht rechtsfähigen Verein dazu, dass dieser zumindest teilweise doch als rechtsfähig behandelt wird. Noch nicht durchgesetzt hat sich jedoch die Eintragung des nicht rechtsfähigen Vereins in das Grundbuch: Mangels anerkannter Rechtsfähigkeit können diese Vereine auf ein Treuhandmodell ausweichen.

3

3. Aktiengesellschaft

Die Aktiengesellschaft (AG) hat eine eigene Rechtspersönlichkeit. Sie verfügt über ein in Aktien zerlegtes Grundkapital. Den Gläubigern haftet nur das Gesellschaftsvermögen, § 1 AktG.

Die AG ist die ideale Gesellschaftsform für Unternehmen mit hohem Kapitalbedarf. Sie ist vom gesetzlichen Konzept her als Publikumsgesellschaft angelegt. Ihre Anteile – Aktien – sind an der Börse handelbar. Für börsennotierte Aktiengesellschaften gilt das Kapitalmarktrecht, insbesondere das Wertpapierhandelsgesetz (WpHG) und das Wertpapiererwerbs- und Übernahmegesetz (WpÜG).

Zu beachten sind hiernach beispielsweise Insiderhandelsverbote, Meldepflichten zu Director's Dealings und Veröffentlichungspflichten. Auch der Deutsche Corporate Governance Kodex (DCGK), der zwar keine Gesetzesqualität hat, dem aber über § 161 AktG hohe Bedeutung zukommt, ist von börsennotierten AGs zu beachten: Der DCGK legt Verhaltensstandards zur Unternehmensführung fest. Vorstand und Aufsichtsrat sind verpflichtet zu erklären, ob und falls nicht, warum, die Gesellschaft den Normen des DCGK entspricht. Wird eine falsche Erklärung abgegeben, stellt sich die Frage einer Haftung gegenüber Dritten oder Aktionären, wenn diese Dispositionen im Vertrauen auf die Zuverlässigkeit der Information getätigt haben.

Aber auch kleinere AGs mit personalistischer Struktur kommen vor. Die Aktionäre sind dann oft auch familiär verbunden. Für sie gelten diverse Sonderregeln.

Gründung

Die AG kann von einer oder mehreren Personen gegründet werden, die die Aktien gegen Einlagen übernehmen, § 2 AktG. Mit Feststellung der Satzung gilt die Gesellschaft als errichtet, § 29 AktG.

Sodann werden der Aufsichtsrat sowie der Abschlussprüfer für das erste Geschäftsjahr bestellt, § 30 Abs. 1 AktG. Die Bestellung bedarf der notariellen Beurkundung. Der Aufsichtsrat bestellt wiederum den Vorstand, § 30 Abs. 4 AktG. Anschließend muss ein Gründungsbericht erstellt werden, § 32 AktG, den Vorstand und Aufsichtsrat, ggf. auch der beurkundende Notar oder gesondert bestellte Gründungsprüfer prüfen, § 33 AktG. Schließlich beantragen alle Gründer, der Vorstand und der Aufsichtsrat die Eintragung ins Handelsregister, § 36 Abs. 1 AktG.

3

Die Anmeldung darf erst erfolgen, wenn mindestens 1/4 des geringsten Ausgabebetrags (§ 9 AktG) oder bei höherem Ausgabebetrag auch der Mehrbetrag eingezahlt worden ist, §§ 36 Abs. 2, 36a Abs. 1 AktG. Der Betrag muss zur freien Verfügung des Vorstands stehen. Sind Sacheinlagen vereinbart, gelten besondere Regeln. Bei positiver Prüfung durch das Registergericht, wird die AG anschließend ins Handelsregister eingetragen. Sie erhält hierdurch Rechtspersönlichkeit und wird dadurch „Kaufmann" im Sinne des HGB unabhängig von der Art der Geschäfte, die sie betreibt. Sie ist sogenannter „Formkaufmann".

Satzung

Inhalt

§ 23 Abs. 2 bis 4 AktG legt fest, welchen Inhalt die Satzung der AG mindestens aufweisen muss, um eintragungsfähig zu sein. Dazu gehören insbesondere:

- Angaben zur Höhe des Grundkapitals, das mindestens 50.000 Euro betragen muss, § 7 AktG

- Art der Aktien (denkbar sind Nennbetrags- oder Stückaktien, Inhaber- oder Namensaktien)

- Firma und Sitz der AG

- Anzahl der Mitglieder des Vorstands

- Bestimmungen zur Bekanntmachungen der AG

- Angaben zum Geschäftsgegenstand

Letzteres dient zum einen der Information und dem Schutz der Aktionäre. Zum anderen soll damit dem Registergericht eine Überprüfung des Gesellschaftszwecks ermöglicht werden. Die Formulierung zum Geschäftsgegenstand darf deshalb nicht zu pauschal ausfallen.

Daneben sind weitere Satzungsbestimmungen möglich, soweit sie sich im Rahmen der gesetzlichen Bestimmungen halten, § 23 Abs. 5 AktG.

3 Soweit es sich nicht um sogenannte korporative Bestimmungen, sondern um bloße schuldrechtliche Vereinbarungen zwischen den Gesellschaftern handelt, gelten sie prinzipiell auch nur zwischen den Vertragsparteien. Das bedeutet, dass später beitretende Aktionäre an diese Bestimmungen nur gebunden sind, wenn hierzu ausdrücklich eine Vereinbarung mit ihnen getroffen wurde.

Derartige Ergänzungen kommen besonders bei personalistisch organisierten AGs vor. Oftmals werden diese ergänzenden Vereinbarungen jedoch außerhalb der Satzung in einem gesonderten Vertrag getroffen. Denkbar sind Regeln zu Wettbewerb, Leistungen einzelner Aktionäre über die Einlagepflicht hinaus, Veräußerungsbeschränkungen oder Stimmrechtsvollmachten.

Die Abgrenzung zum korporativen Teil kann bisweilen Schwierigkeiten bereiten. Zu beachten ist, dass für korporative Bestimmungen strengere Regeln gelten.

Form

Zur Wirksamkeit der Satzung muss diese notariell beurkundet werden, § 23 Abs. 1 AktG.

Auslegung

Bei der Auslegung der Satzung kommt dem Wortlaut eine hohe Bedeutung zu. Eine mit dem Wortlaut nicht mehr vereinbare, langdauernde andere Handhabung durch die Aktionäre kann hier nicht maßgeblich sein, da neu beitretende Aktionäre davon keine Kenntnis haben und wegen der größeren Anonymität beim Anteilserwerb schutzwürdig sind. Diese Auslegungsregel gilt jedoch nicht für die nicht-korporativen Vereinbarungen, da Neuaktionäre an diese auch nicht ohne Weiteres gebunden sind.

Inhaltskontrolle

Nach § 23 Abs. 5 AktG sind *ergänzende* Regeln in der Satzung zulässig, soweit das Gesetz nicht abschließend ist.

Aber: Vom Gesetz *abweichende* Regeln sind hingegen nur da erlaubt, wo es ausdrücklich zugelassen ist.

Somit ist da, wo das Gesetz nicht ausdrücklich einen Regelungsspielraum offen lässt, bei einer Satzungsregelung zu prüfen, ob diese lediglich das Gesetz ergänzt (dann zulässig) oder davon abweicht (dann unzulässig). Wegen des Anlegerschutzes wird bei Zweifelsfällen oftmals eher von einer Unwirksamkeit auszugehen sein.

3

Fehlerhafte Satzungsgrundlage

Wird die Gesellschaft trotz eines Gründungsmangels irrtümlich in das Handelsregister eingetragen, können Klagen auf Nichtigkeit der Gesellschaft nach § 275 Abs. 1 AktG nur noch erhoben werden, wenn die Satzung keine Bestimmungen über die Höhe des Grundkapitals oder den Gegenstand des Unternehmens trifft oder nichtige Bestimmungen zum Gegenstand des Unternehmens getroffen wurden. Soweit der Mangel nicht geheilt wurde, § 276 AktG, erklärt das Gericht auf eine entsprechende Klage hin die Gesellschaft für die Zukunft für nichtig, die AG wird abgewickelt, § 277 AktG. Daneben kann die Gesellschaft vom Registergericht von Amts wegen wieder gelöscht werden, §§ 394, 399 FamFG.

Soweit Beschlüsse die Satzung ändern, sind sie ebenfalls ins Handelsregister einzutragen, § 181 Abs. 1 AktG. Ist der Beschluss nichtig, darf die Eintragung an sich nicht erfolgen, die Satzung ist nicht geändert. Erfolgt dennoch versehentlich eine Eintragung, kann diese von Amts wegen gelöscht werden, § 398 FamFG. Gewisse Mängel, wie eine fehlende Beurkundung, werden jedoch durch die Eintragung geheilt, § 242 Abs. 1 AktG. Im Übrigen kann auch eine Heilung durch Eintragung und Zeitablauf eintreten, § 242 Abs. 2 AktG.

Einlage

Grundsätzlich sind die Aktien gegen Barzahlung oder Kontogutschrift zur freien Verfügung des Vorstands zu übernehmen, §§ 36 Abs. 2, 54 Abs. 3 AktG.

Diese Voraussetzung wird beim sogenannten Hin-und-Her-Zahlen, wo die Mittel zur Einlagenerfüllung letztlich aus dem Vermögen der Gesellschaft stammen, nicht erfüllt. Soweit keine verdeckte Sacheinlage (dazu sogleich) vorliegt, kann eventuell ein fälliger und vollwertiger Rückzahlungsanspruch der Gesellschaft auf die Einlageverpflichtung angerechnet werden, § 27 Abs. 4 AktG. Eine solche Vereinbarung muss jedoch beim Handelsregister offengelegt werden.

Auch mit einer Zahlung an einen Gläubiger der Gesellschaft kann die Einlage nicht wirksam geleistet werden.

Sacheinlage

Bei der Sacheinlage muss sichergestellt sein, dass sie wirtschaftlich werthaltig ist. Das ist dem Registergericht nachzuweisen, sonst erfolgt keine Eintragung. Dienstleistungen sind wirtschaftlich schwerlich bewertbar, und deshalb als Sacheinlage prinzipiell ungeeignet.

Auch für die Satzung sind etliche besondere Formvorschriften zu beachten, § 27 AktG, sonst gilt kraft Gesetzes automatisch eine Geldeinlage als geschuldet, § 54 Abs. 2 AktG.

Bei Umgehungsversuchen trifft den Aktionär eine Bardeckungspflicht: Er muss die Differenz zwischen geschuldetem und erbrachtem Wert nachzahlen. Bei der Berechnung des geschuldeten Werts ist ein etwaiges Agio mit zu berücksichtigen.

§ 52 AktG sichert die Gesellschaft gegen Umgehungsversuche mittels Geschäftsabschlüssen mit Aktionären innerhalb von zwei Jahren nach Gründung (sog. Nachgründung) ab. Auch außerhalb dessen Anwendungsbereichs wird die Gesellschaft gegen verdeckte Sacheinlagen geschützt, § 27 Abs. 3 AktG. Wird die zwar zunächst erbrachte Bareinlage zur Tilgung einer Forderung des Aktionärs gegen die Gesellschaft verwendet, kann eine sogenannte verdeckte Sacheinlage vorliegen. Indizien wären ein enger sachlicher und zeitlicher Zusammenhang zwischen Einlagenleistung und Forderungstilgung. Der Aktionär wird dann nicht von seiner Einlagenpflicht befreit. Sein erbrachter Vermögensgegenstand wird aber auf die

Einlagenpflicht angerechnet. Für den Wert derselben ist er beweispflichtig. Außerdem droht dem Vorstand eine Strafbarkeit nach § 399 Abs. 1 Nr. 1 AktG:

Der Vorstand hat bei der Anmeldung zum Register zu versichern, dass die Vorschriften der §§ 36, 36a AktG eingehalten wurden, insbesondere, dass die ordnungsgemäße Einzahlung von Beiträgen erfolgt ist. Gibt er eine falsche Erklärung ab, macht er sich nach § 399 Abs. 1 Nr. 1 AktG strafbar!

Erlass und Aufrechnung

Die Aktionäre können von ihrer Einlagepflicht nicht befreit werden, § 66 Abs. 1 Satz 1 AktG. Der Aktionär kann selbst nicht aufrechnen, § 66 Abs. 1 Satz 2 AktG. Ansonsten läge eine verdeckte Sacheinlage vor. Die AG muss bei einer Aufrechnung die Vorschriften der §§ 36 Abs. 2, 54 Abs. 3 AktG beachten.

Im Übrigen kann eine Aufrechnung erfolgen, soweit der Anspruch des Aktionärs fällig, vollwertig und liquide ist.

Kaduzierung

Leistet der Aktionär seine Einlage trotz Aufforderung nicht, kann sein Anteil eingezogen werden, § 64 AktG. Er und seine Rechtsvorgänger haften dennoch weiter für die ausgefallene Einlage, §§ 64 Abs. 4 Satz 2, 65 AktG. Gegen Zahlung der Einlage wird eine neue Aktienurkunde ausgehändigt, § 65 Abs. 1 Satz 4 AktG.

Vor-AG

Sobald die Gründer alle Aktien übernommen haben, gilt die AG als errichtet, § 29 AktG. Sie ist bis zu ihrer Eintragung ins Handelsregister sogenannte „Vor-AG". Personen, die während dieser Phase für die Vor-AG handeln (in der Regel die Vorstandsmitglieder), haften persönlich, § 41 Abs. 1 Satz 2 AktG, gegenüber den Gläubigern. Mit der Eintragung ins Handelsregister erlischt diese Haftung wieder.

Die Gründer haften nur der Vor-AG (z. B. für Anlaufverluste), jedoch nicht gegenüber Gläubigern.

Die Vor-AG ist selbst rechtsfähig.

Eintragung ins Handelsregister

Die AG ist unter Beifügung diverser Unterlagen zur Eintragung ins Handelsregister anzumelden, §§ 36 Abs. 1, 37 AktG.

Der Nachweis, dass die eingezahlten Einlagen auf ein Geschäftskonto der AG eingezahlt wurden, wird durch eine schriftliche Bestätigung der Bank erbracht, § 37 Abs. 1 Satz 3 AktG. Insoweit trifft die Bank eine eigene Gewährleistungshaftung gegenüber der Gesellschaft, § 37 Abs. 1 Satz 4 AktG, und ggf. auch gegenüber Dritten wegen Beihilfe zur Falschangabe, §§ 399 Abs. 1 Nr. 6, 823 Abs. 2 BGB.

3 Das Registergericht prüft die ordnungsgemäße Errichtung und Anmeldung. Nur dann darf die Eintragung erfolgen, § 38 Abs. 1 AktG.

Treuepflicht

Auch der Aktionär ist trotz der weniger personalisierten Verbindung der Gesellschaft in gewissem Umfang zu treuepflichtigem Verhalten verpflichtet. Zwar wird man einem Aktionär einer Publikumsgesellschaft auch negative Äußerungen über die AG zugestehen müssen, rechtsmissbräuchliche Klageerhebungen gegen die AG zur Erpressung von Zahlungen können jedoch gegen die Treuepflicht verstoßen. Auch bei der Stimmabgabe in der Hauptversammlung kann der Gesichtspunkt der Treuepflicht eine Rolle spielen.

Gegenüber Mitaktionären kann ebenfalls eine Treuepflicht bestehen. Wie weit diese geht, wird für jede Gesellschaft je nach deren Struktur unterschiedlich zu beantworten sein. In einer Zwei-Personen-AG reicht die Treuepflicht unter den Aktionären sicher weiter als bei einer Publikumsgesellschaft.

Gleichbehandlungsgrundsatz

Der gesellschaftsrechtliche Gleichbehandlungsgrundsatz (vgl. Seite 21, 86) ist für die AG in § 53a AktG normiert. Gleichbehandlung kann nur bei gleichen Voraussetzungen verlangt werden. Nur eine willkürliche Ungleichbehandlung ist verboten. Unterschiedliche Beteiligungsarten sind selbstverständlich mit unterschiedlichen Rechten verbunden. Ein Aktionär kann auch auf Rechte verzichten.

Vorstand

Bestellung und Abberufung

Der Vorstand wird durch den Aufsichtsrat bestellt, § 84 Abs. 1 Satz 1 AktG, und zwar für maximal fünf Jahre. Eine wiederholte Bestellung ist jedoch möglich.

Aus wichtigem Grund kann die Bestellung schon vorzeitig widerrufen werden (z. B. bei grober Pflichtverletzung), § 84 Abs. 3 AktG. Von der Bestellung zu unterscheiden ist ein in der Regel zusätzlich geschlossener Anstellungsvertrag. Dieser unterliegt eigenen Regeln und sollte bei einem Widerruf der Bestellung gegebenenfalls ausdrücklich gesondert gekündigt werden.

3

Anstellungsvertrag und Vergütung

Der Anstellungsvertrag ist ein Dienstvertrag, § 611 BGB. Bei der Festlegung der Vergütung hat eine börsennotierte Gesellschaft § 87 Abs. 1 Satz 2 AktG zu beachten: Hiernach sind Vergütungssysteme auf eine nachhaltige Unternehmensentwicklung auszurichten. Im Übrigen gilt generell, dass die Vergütung in einem angemessenen Verhältnis stehen muss, § 87 Abs. 1 Satz 1 AktG. Zu berücksichtigen sind die übernommenen Aufgaben, die Fähigkeiten und Leistungen des Vorstands, die Lage der Gesellschaft sowie die Höhe sonst üblicher Vergütungen. Variable Bestandteile sollen eine mehrjährige Bemessungsgrundlage haben.

Auch der DCGK enthält Regeln für die Vergütungsgestaltung. Für Unternehmen des Finanzsektors gelten weitere Sonderregeln, vgl. § 25a KWG sowie die Finanzmarktstabilisierungsgesetze. Fixe Obergrenzen gibt es jedoch nicht. Die Gestaltung eines rechtskonformen Vergütungssystems ist mit erheblichen Unsicherheitsfaktoren verbunden. In der Praxis schalten Aufsichtsräte deshalb oftmals sogenannte Vergütungsberater ein, um den Vorwurf einer rechtswidrigen Vergütungspraxis zu vermeiden.

Verschlechtert sich die Lage der Gesellschaft, kann der Aufsichtsrat die Vorstandsvergütung reduzieren, § 87 Abs. 2 AktG.

Die Vergütungshöhe muss offengelegt werden:

Für alle Aktiengesellschaften gilt eine Verpflichtung zur Veröffentlichung der Gesamtbezüge im Jahresabschluss und im Konzernanhang, §§ 285 Nr. 9a, 314 Abs. 1 Nr. 6 HGB. Für nicht-börsennotierte

Aktiengesellschaften sind die Angaben zusätzlich individualisiert aufzuschlüsseln, § 285 Nr. 9a Satz 5 und 6 HGB.

Die umstrittene Frage, ob ein Aktionär in der Hauptversammlung Offenlegung der Vorstandsvergütung nach § 131 AktG verlangen kann, spielt jedenfalls für börsennotierte Gesellschaften deshalb keine Rolle mehr.

Geschäftsführung

Der Vorstand führt die Geschäfte in eigener Verantwortung, also prinzipiell weisungsfrei, § 76 Abs. 1 AktG. Dabei hat er sich jedoch im Rahmen der Satzung und des Geschäftszwecks zu halten. Konkrete Geschäftsführungsmaßnahmen haben in der Satzung nichts zu suchen. Dies würde die Kompetenz des Vorstands zu sehr beschneiden. Die Satzung oder der Aufsichtsrat können jedoch bestimmen, dass bestimmte Geschäfte nur mit Zustimmung des Aufsichtsrats erfolgen dürfen, § 111 Abs. 4 Satz 2 AktG.

Dem Vorstand obliegt auch eine Informationspflicht gegenüber dem Aufsichtsrat über die Geschäftspolitik und den Gang der Geschäfte, § 90 AktG.

Der Aufsichtsrat oder der Vorstand selbst können eine Geschäftsordnung aufstellen, §§ 77 Abs. 2, 82 Abs. 2 AktG. Üblich ist hierbei die Aufteilung nach Ressorts.

Im Übrigen hat der Vorstand seine Tätigkeit am Wohl der Gesellschaft, der Aktionäre, der Arbeitnehmer und nach tradierter Ansicht auch dem Gemeinwohl auszurichten.

Vertretungsbefugnis

Der Vorstand vertritt die Gesellschaft nach außen, und zwar gerichtlich und außergerichtlich, § 78 Abs. 1 Satz 1 AktG. Ist im Innenverhältnis durch die Satzung oder eine Weisung des Aufsichtsrats die Geschäftsführungsbefugnis beschränkt, hat dies grundsätzlich keine Auswirkung auf die nach außen wirkende Vertretungsmacht. Ein dennoch abgeschlossenes Rechtsgeschäft ist also trotzdem rechtswirksam. Allerdings kann sich im Einzelfall nach den Regeln über den Missbrauch einer Vollmacht anderes ergeben, zum Beispiel wenn der Geschäftspartner die Beschränkung kannte und ausgenutzt hat.

Haftung für fehlerhafte Gesellschaftsführung

Haftung gegenüber der Gesellschaft

Vorstandsmitglieder haben bei der Geschäftsführung die Sorgfalt eines ordentlichen und gewissenhaften Geschäftsleiters anzuwenden, § 93 Abs. 1 Satz 1 AktG. Sie unterliegen einem Wettbewerbsverbot, § 88 AktG.

Inhaltlich ist dem Vorstand prinzipiell ein unternehmerischer Entscheidungsspielraum zuzugestehen. Selbstverständlich hat er sich jedoch an die gesetzlichen Pflichten, die teils sogar strafrechtlich sanktioniert sind, vgl. §§ 399, 400, 404 AktG, zu halten. Er hat ein Überwachungssystem zur Früherkennung von negativen Entwicklungen, die die AG in ihrem Fortbestand gefährden könnten, einzurichten, § 91 Abs. 2 AktG. Darüber hinaus ist mittlerweile anerkannt, dass er auch für ein rechtmäßiges Verhalten nachgeordneter Unternehmensebenen sorgen muss, das heißt die Gesellschaft mit einem Compliance-System auszustatten hat.

Der Vorstand haftet nicht, wenn die Handlung durch einen rechtmäßigen Hauptversammlungsbeschluss legitimiert worden war, § 93 Abs. 4 Satz 1 AktG.

Eine vertragliche Haftungsbeschränkung wird weithin für unzulässig gehalten, da der Vorstand nicht nur gegenüber der AG zur ordnungsgemäßen Geschäftsführung verpflichtet ist, sondern auch gegenüber Arbeitnehmern, Anteilseignern und der Allgemeinheit. Andererseits sind die Haftungsrisiken enorm, so dass dies von anderer Seite infrage gestellt wird. Im Interesse aller Beteiligten ist deshalb der Abschluss einer D&O-Versicherung (Directors- and Officers-Versicherung; Vermögensschadenhaftpflicht für Manager) dringend anzuraten.

Die Hauptversammlung beschließt jährlich über die Entlastung des Vorstands, § 120 AktG. Hiermit billigt sie seine Geschäftsführung. Ein Verzicht auf eventuell entstandene Schadensersatzansprüche ist damit jedoch nicht verbunden Ein solcher ist erst drei Jahre nach Entstehen des Anspruchs und auch nur durch Beschluss der Hauptversammlung und wenn kein Widerspruch von Minderheitsgesellschaftern erhoben wird, möglich, § 93 Abs. 4 Satz 3 AktG.

Schadensersatzansprüche werden vom Aufsichtsrat geltend gemacht, § 112 AktG. Dieser kann zum Tätigwerden verpflichtet sein, wenn eine pflichtwidrige Geschäftsführungsmaßnahme im Raum

3

steht. Allerdings ist auch das Prozessrisiko zu berücksichtigen. Die Hauptversammlung kann verlangen, dass Ansprüche gegen den Vorstand durchgesetzt werden, § 147 Abs. 1 Satz 1 AktG. Unter bestimmten Voraussetzungen steht auch einzelnen Aktionären ein Klagerecht zu, § 148 AktG. Dieses Recht entspricht der Rechtsfigur der actio pro socio bei den Personengesellschaften (vgl. Seite 168)

Haftung gegenüber den Aktionären

Da zwischen Aktionären und Vorstand keine vertragliche Beziehung besteht, kommen Schadensersatzansprüche jedenfalls insoweit auch nicht in Betracht. Bei pflichtwidrigem Handeln steht der AG ein Schadensersatzanspruch zu, welcher mittelbar über die Beteiligung auch dem Aktionär zugute kommt.

Haftung gegenüber Dritten

Ansprüche Dritter können hingegen durchaus entstehen, wenn diese durch den Vorstand geschädigt werden. Diese Problematik wird bei der GmbH (vgl. Seite 132 f.) abgehandelt und gilt entsprechend für die AG.

Aufsichtsrat

Zusammensetzung

Der Aufsichtsrat setzt sich bei größeren AGs aus Vertretern der Anteilseigner und der Arbeitnehmervertreter zusammen. Die Mitbestimmung der Arbeitnehmerseite auf Unternehmensebene ist im Mitbestimmungsgesetz, Drittelbeteiligungsgesetz und im Montan-Mitbestimmungsgesetz geregelt. Unternehmen der Montanindustrie (Bergbau, Eisen, Stahl) unterfallen dem Montan-Mitbestimmungsgesetz, sofern sie als AG oder GmbH organisiert sind und mehr als 1.000 Arbeitnehmer beschäftigen, § 1 Montan-MitbestG. Gleiches gilt für Unternehmen, die Montanunternehmen beherrschen, § 1 MontanMitbestErgG. Außerhalb der Montanindustrie gilt das Mitbestimmungsgesetz für Gesellschaften mit mehr als 2.000 Arbeitnehmern und das Drittelbeteiligungsgesetz für Unternehmen mit einer Arbeitnehmeranzahl zwischen 500 und 2.000.

Sogenannte Tendenzunternehmen sind von den Regeln des Mitbestimmungsgesetzes und des Drittelbeteiligungsgesetzes befreit. Das sind Unternehmen, die sich karitativen, politischen, konfessionellen oder erzieherischen Zielen widmen oder der Berichterstattung und Meinungsbildung dienen.

Im betrieblichen Bereich wird die Beteiligung der Arbeitnehmer durch das Betriebsverfassungsgesetz sichergestellt.

Praxis-Tipp:

Beachten Sie zu diesem Thema den Fachratgeber „Betriebliche Praxis – Arbeitsrecht", ISBN 978-3-8029-4205-1, ebenfalls erschienen im Walhalla Fachverlag.

Bestellung und Anstellungsvertrag

Die Vertreter der Anteilseigner werden von der Hauptversammlung mit Mehrheitsbeschluss gewählt, §§ 101 Abs. 1, 119 Abs. 1 Nr. 1, 133 Abs. 1 AktG, und zwar für maximal fünf Jahre, § 102 Abs. 1 AktG.

Zudem besteht die Möglichkeit, einzelnen Anteilseignern per Satzung ein Recht zur Entsendung von Aufsichtsratsmitgliedern zu geben, § 101 Abs. 2 AktG.

Daneben wird oftmals ein Anstellungsvertrag mit dem Aufsichtsratsmitglied abgeschlossen. Die Vergütung bestimmt die Hauptversammlung durch Satzung oder Beschluss, § 113 AktG.

Weitere Verträge mit Aufsichtsratsmitgliedern (z. B. sog. Beraterverträge), die der Vorstand namens der Gesellschaft mit dem Aufsichtsratsmitglied abschließt, bedürfen der Zustimmung des Aufsichtsrats, § 114 AktG.

Persönliche Voraussetzungen

Ein Aufsichtsratsmitglied muss unbeschränkt geschäftsfähig sein, § 100 Abs. 1 Satz 1 AktG.

Wenn das Aufsichtsratsmitglied Beziehungen zu einem Wettbewerber der Gesellschaft hat, soll dies offengelegt werden, § 125 Abs. 1 Satz 5 AktG. Der DCGK empfiehlt bei wesentlichen Interessenskonflikten die Niederlegung des Amts (vgl. Seite 99).

Da der Aufsichtsrat den Vorstand überwachen soll, kann ein Vorstandsmitglied nicht zugleich Mitglied des Aufsichtsrats sein, § 105 Abs. 1 AktG. Auch Überkreuzverflechtungen sind nicht zulässig, um wechselseitige Abhängigkeiten zu vermeiden. Eine Person kann prinzipiell nur in maximal zehn Aufsichtsratsgremien tätig sein, § 100 Abs. 2 AktG.

Bei kapitalmarktorientierten Unternehmen im Sinne von § 264d HGB muss außerdem mindestens ein unabhängiges Mitglied über Sachverstand im Bereich der Rechnungslegung oder Abschlussprüfung verfügen, § 100 Abs. 4 AktG.

Abberufung

Mitglieder des Aufsichtsrats können mit 3/4-Mehrheit der Hauptversammlung jederzeit abberufen werden, § 103 Abs. 1 AktG.

3

Der Aufsichtsrat selbst kann bei Gericht beantragen, dass ein Aufsichtsratsmitglied aus wichtigem Grund abberufen wird, § 103 Abs. 3 AktG.

Schließlich kann der Vorstand zur Vorbereitung eines sogenannten Statusverfahrens gemäß § 97 AktG bekanntmachen, dass seiner Auffassung nach der Aufsichtsrat nicht ordnungsgemäß zusammengesetzt ist. Es kann sodann eine gerichtliche Entscheidung hierüber beantragt werden, § 98 AktG. Antragsbefugt sind unter anderem der Vorstand selbst, ein einzelnes Aufsichtsratsmitglied, ein Aktionär oder der Betriebsrat oder auch vorschlagsberechtigte Gewerkschaften.

Ist ein Beschluss zur Bestellung des Aufsichtsrats nichtig, zum Beispiel wegen eines rechtswidrigen Ausschlusses von Aktionären (vgl. Seite 112 f.), sollen nach der Rechtsprechung auch die vom Aufsichtsrat bis zur Feststellung der Nichtigkeit gefassten Beschlüsse unwirksam sein.

Aufgaben

Der Aufsichtsrat bestellt, § 84 Abs. 1 Satz 1 AktG, und überwacht den Vorstand, § 111 Abs. 1 AktG. Dies geschieht im Hinblick auf Rechtmäßigkeit, Wirtschaftlichkeit und Zweckmäßigkeit der Geschäftsführung durch den Vorstand. In kritischen oder besonders bedeutsamen Phasen wird die Überwachungs- und Beratungstätigkeit des Vorstands intensiver auszuüben sein als sonst. Dem Vorstand obliegen dementsprechend umfassende Berichtspflichten gegenüber dem Aufsichtsrat, § 90 AktG, damit dieser seiner Überwachungspflicht nachkommen kann.

Der Aufsichtsrat darf die Bücher und Unterlagen der Gesellschaft einsehen und prüfen, § 111 Abs. 2 AktG. Auch das einzelne Aufsichtsratsmitglied kann Information verlangen, §§ 90 Abs. 3 Satz 2, 170 Abs. 3 AktG. Soweit es Kenntnisse über vertrauliche Informationen erlangt, hat es hierüber Stillschweigen zu bewahren, § 116 Abs. 1 Satz 2 AktG.

Wichtig: Die Frage, wie weit die Verschwiegenheitspflicht geht, stellt sich insbesondere den Arbeitnehmervertretern im Aufsichtsrat: Diese befinden sich zuweilen in einem Loyalitätskonflikt mit der Arbeitnehmerschaft. Eine voreilige Offenlegung von Interna auf Betriebsversammlungen oder gegenüber dem Betriebsrat kann jedoch die Funktionsfähigkeit des Aufsichtsrats und die Zusammenarbeit mit dem Vorstand extrem belasten, so dass hier Vorsicht geboten ist.

3

Die Überwachungstätigkeit des Aufsichtsrats darf nicht so weit führen, dass die Kompetenzen zwischen Vorstand und Aufsichtsrat vermischt würden.

Benötigt der Vorstand nach der Satzung oder wegen eines ad-hoc gefassten Beschlusses des Aufsichtsrats die Zustimmung desselben für eine Maßnahme und erteilt dieser sie nicht, so kann der Vorstand die Hauptversammlung um Zustimmung bitten, § 111 Abs. 4 Satz 3 AktG.

Der Aufsichtsrat hat der Hauptversammlung über seine Überwachungstätigkeit und Prüfung des Jahresabschlusses zu berichten, § 171 Abs. 2 AktG.

Er haftet für fehlerhafte Aufsichtsratstätigkeit, § 116 AktG.

Beispiel:

Der Aufsichtsrat haftet bei pflichtwidrigem Unterlassen der Geltendmachung von Schadensersatzansprüchen gegen den Vorstand.

Jedoch kann er sich darauf berufen, sorgfältig und gewissenhaft im Sinne von § 93 Abs. 1 Satz 2 AktG und im berechtigten Glauben für das Wohl der Gesellschaft gehandelt zu haben (Business Judgement Rule). Zuständig für die Geltendmachung von Schadensersatzansprüchen der Gesellschaft gegen ihren Aufsichtsrat ist an sich der Vorstand. Allerdings kann dies in der Praxis daran scheitern, dass diesem in gleichem Zusammenhang selbst Fehlverhalten vorgeworfen werden könnte. Deshalb geben §§ 147, 148 AktG auch der Hauptversammlung und einzelnen Aktionären das Recht, Ersatzansprüche einzufordern und hierzu einen besonderen Vertreter zu bestellen.

Der Aufsichtsrat vertritt die Gesellschaft gegenüber dem Vorstand, § 112 AktG. Das gilt auch bei Streitigkeiten zwischen Vorstand und Gesellschaft aus dem Anstellungsvertrag, wenn der Vorstand schon aus dem Anstellungsverhältnis ausgeschieden ist.

Zusammensetzung und Arbeitsweise

3 Der Aufsichtsrat besteht aus mindestens drei Mitgliedern, § 95 AktG, davon einem Vorsitzenden und einem Stellvertreter, § 107 Abs. 1 Satz 1 AktG. Sofern das Drittelbeteiligungsgesetz Anwendung findet, muss die Zahl der Aufsichtsräte durch drei teilbar sein, § 4 DrittelbG.

Er tritt mindestens einmal bzw. bei börsennotierten Gesellschaften zweimal jährlich zusammen, § 110 Abs. 3 AktG.

Entscheidungen werden durch Beschluss gefällt, und zwar grundsätzlich mit einfacher Mehrheit, § 32 Abs. 1 Satz 2 BGB. Durch Satzung können höhere Quoren nur dort festgelegt werden, wo das Gesetz dies zulässt.

Rechtswidrige Beschlüsse sind grundsätzlich nichtig. Das Gesetz sieht für die Geltendmachung der Nichtigkeit keine Frist vor. Dennoch wird das Rechtsschutzbedürfnis nach einem gewissen Zeitablauf verfallen sein. Wann von einer Verwirkung auszugehen ist, kann nicht pauschal beantwortet werden. Teils werden in Satzungen konkrete Fristen zur Geltendmachung vereinbart. Von der Rechtsprechung sind bislang Zeitfenster zwischen drei Monaten und zwei Jahren gebilligt worden.

Es können Ausschüsse gebildet werden. Hierbei ist jedoch zu beachten, dass beispielsweise Arbeitnehmervertreter nicht ohne sachlichen Grund von der Mitarbeit in einem Ausschuss ferngehalten werden dürfen.

Hauptversammlung

Die Aktionäre (= Anteilseigner) üben ihre Rechte in der Hauptversammlung aus, § 118 Abs. 1 AktG.

Zuständigkeit

Die Hauptversammlung ist zuständig für die Wahl und Bestellung des Aufsichtsrats, § 119 Nr. 1 AktG, soweit sie nicht von der Arbeitnehmerseite entsandt werden.

Sie beschließt auch über die jährliche Entlastung des Vorstands und des Aufsichtsrats, § 119 Abs. 1 Nr. 3 AktG, sowie über die Geltendmachung von Schadensersatzansprüchen gegen diese.

Sie kann über das System der Vorstandsvergütung beschließen, § 120 Abs. 4 AktG („Say-on-Pay"). Sie entscheidet außerdem unter anderem über die Verwendung des Bilanzgewinns, § 119 Abs. 1 Nr. 2 AktG. Auch für Satzungsänderungen und Maßnahmen zur Kapitalbeschaffung oder Kapitalherabsetzung ist sie zuständig, § 119 Abs. 1 Nr. 5 und 6 AktG.

Zudem entscheidet sie über die Auflösung der Gesellschaft, § 119 Abs. 1 Nr. 8 AktG.

In der Geschäftsführung hat die Hauptversammlung hingegen keine Kompetenzen. Der Vorstand hat aber die Möglichkeit, eine Frage zur Geschäftsführung der Hauptversammlung zur Entscheidung vorzulegen, § 119 Abs. 2 AktG. Bei besonders wichtigen Grundlagenentscheidungen kann sogar eine Pflicht zur Vorlage an die Hauptversammlung bestehen. Es ist sodann zum Schutz von Minderheiten ein Beschluss mit 3/4-Mehrheit erforderlich. Der Vorstand muss sich – auch bei nur fakultativer Vorlage an die Hauptversammlung – an den dort gefassten Beschluss dann auch tatsächlich halten und diesen umsetzen, § 83 Abs. 2 AktG.

Verfahren

Die Hauptversammlung wird mindestens einmal jährlich vom Vorstand einberufen, § 121 Abs. 1, 2 AktG, nämlich dann, wenn über Entlastung und Gewinnverwendung zu beschließen ist, sowie in allen Fällen, in denen die Satzung oder das Gesetz dies vorsieht oder es zum Wohl der Gesellschaft erforderlich ist. In letzterem Fall steht auch dem Aufsichtsrat ein Einberufungsrecht zu, § 111 Abs. 3 AktG. Auch Aktionäre, die zusammen 5 Prozent des Grundkapitals halten, sind zur Einberufung befugt und können verlangen, ein Thema auf die Tagesordnung zu setzen, § 122 AktG.

Die Einberufung erfolgt durch Bekanntmachung in den Gesellschaftsblättern oder – wenn die Aktionäre namentlich bekannt sind – mittels eingeschriebenem Brief, § 121 Abs. 4 AktG.

Teilnehmen darf jeder Aktionär, auch der Nicht-Stimmberechtigte. Vorstand und Aufsichtsrat sollen teilnehmen, um Fragen zu klären, § 118 Abs. 3 AktG. Die Presse wird oftmals freiwillig zugelassen. An sich ist die Hauptversammlung nicht öffentlich.

Geleitet wird die Hauptversammlung von ihrem Vorsitzenden. Wer das ist, bestimmt entweder die Satzung oder eine Geschäftsordnung, die die Hauptversammlung sich selbst gegeben hat. Ansonsten bestimmt der Vorsitzende die Versammlung. Er leitet die Versammlung und hat die Befugnis, Rede- und Fragerechte der Aktionäre zu begrenzen.

Stimmrecht

Stimmberechtigt ist der Aktionär normalerweise erst dann, wenn er seine Einlage geleistet hat, § 134 Abs. 2 AktG.

Sogenannte Vorzugsaktien ohne Stimmrecht gewähren kein Stimmrecht, § 139 Abs. 1 AktG. Dieses kann aber aufleben, wenn die Gesellschaft mit der Zahlung des Vorzugsbetrags in Rückstand gerät, § 140 Abs. 2 AktG.

Kein Stimmrecht besteht für Aktien, die der Gesellschaft selbst gehören, da ansonsten systemwidrig dem Vorstand das Stimmrecht zufallen müsste, § 71b AktG.

Die Wertigkeit des Stimmrechts bestimmt sich nach dem Nennbetrag oder bei Stückaktien nach der Zahl der Aktien, § 134 Abs. 1 AktG. Mehrstimmrechte sind unzulässig, § 12 Abs. 2 AktG. Bei nicht-börsennotierten Gesellschaften kann aber das Stimmrecht der Höhe nach begrenzt werden, um den Einfluss von Großaktionären zu begrenzen, § 134 Abs. 1 Satz 2 AktG.

Bei bestimmten Interessenkollisionen besteht ein Stimmverbot, § 136 AktG, nämlich, wenn über die Entlastung, Befreiung von einer Verbindlichkeit oder die Geltendmachung von Schadensersatzansprüchen gegen einen Aktionär abgestimmt werden soll. Auch bei der Bestellung von Sonderprüfern kann ein Stimmverbot bestehen, § 142 Abs. 1 AktG. Ob bei anderen Interessenskonflikten ebenfalls ein Stimmverbot entsprechend den Regeln im GmbH- oder Vereinsrecht greift, ist umstritten.

Der Aktionär kann sich bei der Stimmabgabe vertreten lassen oder auch einen Dritten ermächtigen, in eigenem Namen das Stimmrecht für ihn auszuüben, § 129 Abs. 3 AktG. Dadurch kann der eigentlich Beteiligte nach außen anonym bleiben und dennoch von seinem Gestaltungsrecht Gebrauch machen. Diese Möglichkeit besteht auch im Rahmen eines sogenannten Depotstimmrechts, bei dem sich Aktionäre von ihrer Bank vertreten lassen, § 135 AktG. Auch die Vertretung durch Aktionärsvereinigungen ist üblich geworden.

Der Abschluss von Stimmbindungsvereinbarungen ist prinzipiell zulässig. Allerdings wäre ein solcher zwischen Aktionär und AG, Vorstand oder Aufsichtsratsmitglied unwirksam, da dadurch die Kontrollfunktion konterkariert würde, § 136 Abs. 2 AktG. Dem Aktionär muss außerdem eine Kündigung des Stimmbindungsvertrags zumindest aus wichtigem Grund möglich bleiben. Die Entgeltgewährung oder Entgegennahme für eine bestimmte Stimmrechtsausübung, also das Kaufen von Stimmen, ist jedoch verboten und wird nach § 405 Abs. 3 Nr. 6 und 7 AktG als Ordnungswidrigkeit geahndet!

3

Inhaltlich hat sich der Aktionär bei der Ausübung seines Stimmrechts von seiner Treuepflicht gegenüber der Gesellschaft und seinen Mitaktionären leiten zu lassen.

Beschlussfassung

Beschlüsse werden prinzipiell mit einfacher Mehrheit der abgegebenen Stimmen gefasst, § 133 Abs. 1 AktG, es sei denn, das Gesetz oder die Satzung bestimmen etwas anderes.

Eine Satzungsänderung, auch in Form der Kapitalherabsetzung oder -erhöhung bedarf beispielsweise einer 3/4-Mehrheit des bei der Abstimmung vertretenen Grundkapitals, §§ 179 Abs. 2, 182 Abs. 1, 193 Abs. 1, 202 Abs. 2, 207 Abs. 2, 222 Abs. 1 AktG. Die Satzung kann jedoch auch eine höhere Mehrheit bestimmen, § 179 Abs. 2 Satz 2 AktG.

Dieselben Mehrheitserfordernisse gelten beispielsweise für den Auflösungsbeschluss, § 262 Abs. 1 Nr. 2 AktG, Unternehmensverträge, § 293 Abs. 1 AktG, Eingliederung, § 319 Abs. 2 AktG oder Strukturentscheidungen. Aktionäre mit einer Beteiligung über 25 Prozent können derartige Beschlüsse deshalb als sogenannte Sperrminorität blockieren.

Teils ist die Zustimmung aller Aktionäre zu einem Beschluss erforderlich, zum Beispiel wenn Nebenpflichten auferlegt werden sollen, § 180 AktG. Sind Sonderrechte eines Aktionärs betroffen, können diese nur mit dessen Zustimmung eingeschränkt werden.

Diejenigen Beschlüsse, die nur mit 3/4-Mehrheit gefasst werden können, sowie alle Beschlüsse börsennotierter Gesellschaften müssen notariell beurkundet werden, § 130 Abs. 1 AktG.

Gewisse Beschlussgegenstände, zum Beispiel Satzungsänderungen, § 181 AktG, Auflösung, § 263 AktG, oder Eingliederung, § 319 Abs. 4 AktG, müssen ins Handelsregister eingetragen werden.

3

Beschlussmängel

Zu unterscheiden sind Mängel, die zur Nichtigkeit des Beschlusses führen, von solchen, die lediglich die Anfechtung ermöglichen. Ein nichtiger Beschluss ist per se unwirksam, was von jedermann jederzeit geltend gemacht werden kann. Nichtigkeit tritt deshalb nur in den vom Gesetz ausdrücklich genannten Fällen ein, § 241 AktG, zum Beispiel bei nicht ordnungsgemäßer Einberufung der Hauptversammlung oder fehlender notarieller Beurkundung des Beschlusses. Ebenfalls nichtig sind Beschlüsse, die mit dem Wesen der AG nicht vereinbar sind, die Vorschriften, die dem Gläubigerschutz oder dem öffentlichen Interesse dienen, verletzen, oder sittenwidrige Beschlüsse. Diese generalklauselartige Formulierung birgt ein nicht unerhebliches Risiko für die Rechtssicherheit. Deshalb wird § 241 AktG eher restriktiv ausgelegt. Außerdem kann ein nichtiger Beschluss durch die Eintragung ins Handelsregister geheilt werden, § 242 AktG. Eine Amtslöschung rechtswidriger Beschlüsse bleibt jedoch nach § 398 FamFG möglich. Eine Nichtigkeitsklage nach § 249 AktG verhindert eine Heilung nach § 242 AktG.

Andere Fehler in der Beschlussfassung führen nur zur Anfechtbarkeit nach § 246 AktG. Die Anfechtungsklage muss innerhalb eines Monats nach Beschlussfassung erhoben werden, § 246 Abs. 1 AktG. Anfechtungsgründe wären beispielsweise Verfahrensfehler wie das Mitzählen nicht-stimmberechtigter Stimmen oder inhaltlich Verstöße gegen die Treuepflicht oder den Gleichbehandlungsgrundsatz. Wenn nachgewiesen werden kann, dass das Abstimmungsergebnis nicht auf dem geltend gemachten Verfahrensfehler beruht, besteht kein Anfechtungsrecht.

Beispiel: _____

Denkbar ist ein ungerechtfertigter Saalverweis eines Minderheitsaktionärs, dessen Stimme nicht ausschlaggebend gewesen wäre.

Ein anfechtbarer Beschluss kann durch spätere Bestätigung geheilt werden, § 244 Abs. 1 AktG.

Inhaltlich gilt, dass in Mitgliedschaftsrechte nur eingegriffen werden darf, wenn dies durch das Gesellschaftsinteresse sachlich gerechtfertigt ist und auf verhältnismäßige Art und Weise erfolgt.

Anfechtungsberechtigt sind Aktionäre unter bestimmten Voraussetzungen, der Vorstand sowie Mitglieder des Vorstands und des Aufsichtsrats, § 245 AktG. Aktionäre müssen normalerweise ihre Aktien bereits vor Bekanntgabe der Tagesordnung erworben haben, zur Hauptversammlung erschienen sein und einen Widerspruch zu Protokoll erklärt haben. Dabei darf das Klagerecht nicht missbraucht werden, um Zahlungen zu erpressen! Solche Klagen werden als unbegründet abgewiesen und der Aktionär haftet der Gesellschaft auf Schadensersatz. Die Gesellschaft hat die Verfahrensbeendigung und damit zusammenhängende Absprachen zu veröffentlichen, § 248a AktG. Auch dies soll von Absprachen mit erpresserischen Aktionären abhalten.

Die Anfechtungsklage kann mit einer positiven Beschlussmängelklage verbunden werden, wenn dem Aktionär nur dadurch geholfen werden kann, dass zusätzlich zur Kassation des nichtigen oder anfechtbaren Beschlusses die Fassung eines Beschlusses mit anderem Inhalt festgestellt wird. Das kann zum Beispiel der Fall sein, wenn unberechtigt Stimmen mitgezählt wurden.

Finanzverfassung

Jahresabschluss, Lagebericht, Gewinnverwendung

Der Vorstand hat binnen dreier Monate nach Abschluss des Geschäftsjahres den Jahresabschluss, §§ 242, 264 Abs. 1 HGB, samt Anhang, § 284 HGB, und Lagebericht, § 264 Abs. 1 Satz 1 HGB, zu erstellen. Die Rechtmäßigkeit wird durch einen Abschlussprüfer bestätigt, §§ 316 Abs. 1 Satz 1, 317, 322 HGB. Der Abschluss wird sodann samt Prüfbericht dem Aufsichtsrat zusammen mit einem

Vorschlag zur Gewinnverwendung vorgelegt. Für kleine AGs im Sinne von § 267 Abs. 1 HGB gelten gewisse Erleichterungen.

Der Bilanzgewinn errechnet sich aus dem Jahresüberschuss zuzüglich eventueller Gewinnvorträge und Entnahmen aus Gewinnrücklagen sowie eventuell gemindert um Verlustvorträge und Einstellungen in Gewinnrücklagen, § 158 Abs. 1 AktG. Vorstand und Aufsichtsrat sind befugt, bis zur Hälfte des Jahresüberschusses in Gewinnrücklagen einzustellen, § 58 Abs. 2 Satz 1 AktG. Hierdurch und auch über die Bildung von stillen Reserven im Jahresabschluss kann der Jahresgewinn zu einem großen Teil dem Dividendenanspruch der Aktionäre entzogen werden. Der Aufsichtsrat kann den Jahresabschluss billigen, dann gilt er als festgestellt. Ansonsten kann er auch zur Abstimmung der Hauptversammlung vorgelegt werden, §§ 172, 173 AktG.

Ist ein Aktionär insbesondere mit der Gewinnverwendung nicht einverstanden, kann er neben der üblichen Möglichkeit von Rechtsmitteln gegen Beschlüsse (§ 243 AktG) nach § 254 AktG den Beschluss der Hauptversammlung anfechten mit der Begründung, dass die getroffenen Gewinnrücklagen oder Gewinnvorträge aus kaufmännischer Sicht nicht notwendig sind, um die Lebensfähigkeit der Gesellschaft zu erhalten. Dieses Anfechtungsrecht besteht jedoch nur, wenn weniger als 4 Prozent des Grundkapitals an die Aktionäre verteilt wird. Zusätzlich besteht die Möglichkeit, bei Gericht die Bestellung eines Sonderprüfers zu verlangen, § 258 AktG.

Nach der Vorlage an die Aktionäre wird der Jahresabschluss vom Vorstand samt Prüfungsvermerk, Bericht des Aufsichtsrats und Erklärung nach § 161 AktG zum DCGK beim Bundesanzeiger zur Veröffentlichung eingereicht, § 325 Abs. 1 AktG.

Kapitalaufbringung und Kapitalerhaltung

Das Grundkapital, das an die Gesellschaft im Rahmen der Einlagenverpflichtung geleistet wird, soll der Gesellschaft auch tatsächlich zum Wirtschaften zur Verfügung stehen. Es dient den Gläubigern der Gesellschaft als Haftungsmasse. Aktionäre erhalten vor Auflösung der Gesellschaft lediglich Gewinnanteile. Die Einlagen selbst dürfen nicht zurückgezahlt werden, auch Zinsen hierauf dürfen nicht vereinbart werden, § 57 AktG.

Unzulässig sind auch sogenannte verdeckte Gewinnausschüttungen. Hierunter versteht man die Einräumung besonders günstiger Konditionen für Rechtsgeschäfte, die ein Aktionär mit der Gesellschaft abschließt, beispielsweise die Gewährung überhöhter Gehälter oder Lizenzgebühren. § 57 Abs. 1 Satz 3 AktG bestimmt, dass die Gegenleistung oder Rückgewähr des Aktionärs vollwertig sein muss. Das gilt prinzipiell auch, wenn Dritte als Strohmänner dazwischen geschaltet werden, um eine verdeckte Gewinnausschüttung zu verbergen. In beiden Fällen hat die Gesellschaft gegen den Aktionär einen Anspruch auf Rückgewähr bzw. Ausgleich, § 62 Abs. 1 AktG.

Aus demselben Grund ist der Erwerb eigener Aktien durch die Gesellschaft nur eingeschränkt erlaubt, § 71 AktG: auch hierdurch würde dem Aktionär letztlich die Einlage zurückgezahlt.

3

Kapitalerhöhung

Wenn eine AG finanzielle Mittel benötigt, kann sie nicht nur einen Kredit aufnehmen, sie kann auch das Grundkapital erhöhen, das heißt sich zusätzliche Eigenmittel beschaffen. Der Vorteil einer Eigenkapitalfinanzierung liegt vor allem darin, dass – im Gegensatz zur Kreditaufnahme – keine festen Zinsen bezahlt werden müssen. Zugleich erhöht eine hohe Eigenkapitalquote die Kreditwürdigkeit des Unternehmens. Dies nicht zuletzt deshalb, weil im Insolvenzfall vorrangig die Kreditgeber bedient werden, und erst nachrangig – sofern überhaupt noch etwas zu verteilen übrig bleibt – die Aktionäre. Außerdem steht Eigenkapital oftmals längerfristig zur Verfügung, was bei Fremdkapital nicht unbedingt der Fall ist.

Für die Kapitalerhöhung gelten im Wesentlichen dieselben Regeln wie bei der Gründung, § 182 ff. AktG: Die Hauptversammlung muss eine entsprechende Satzungsänderung beschließen. Der Beschluss ist zum Handelsregister anzumelden, § 184 AktG. Eine Unterpari-Emission (eine Ausgabe der Aktien unter dem Nennbetrag) ist nicht zulässig. Eine Eintragung kann auch dann erfolgen, wenn ein Aktionär gegen den Erhöhungsbeschluss gerichtlich vorgegangen ist: § 246a AktG gibt der Gesellschaft die Möglichkeit, bei Gericht einen Antrag auf Freigabe zu stellen, nämlich festzustellen, dass die Klageerhebung der Eintragung nicht entgegensteht. Mit dieser Möglichkeit wird erpresserischen Aktionären, die die Kapitalaufbringung verhindern, ein Riegel vorgeschoben.

In der Praxis werden die neuen Aktien oft von einer Bank oder einem Bankenkonsortium übernommen, welche diese im Anschluss weiter veräußern.

Bedingte Kapitalerhöhung

Bei der bedingten Kapitalerhöhung, § 192 ff. AktG, wird nur insoweit eine Erhöhung des Grundkapitals herbeigeführt, wie Berechtigte von ihrem Umtausch- oder Bezugsrecht Gebrauch machen. In der Praxis können dies Gläubiger von Wandel- oder Optionsanleihen sein, Arbeitnehmer oder Mitglieder der Geschäftsführung.

Genehmigtes Kapital

Daneben kann die Satzung den Vorstand anstelle der Hauptversammlung ermächtigen, zusätzliches Kapital im Rahmen einer Erhöhung zu schaffen, § 202 ff. AktG. Das hat den Vorteil, dass bei Kapitalbedarf (z. B. einem Unternehmenskauf) schneller und flexibler reagiert werden kann und der Vorstand ohnehin eher über die erforderliche Sachnähe und Sachkompetenz verfügt, darüber zu entscheiden. Da jedoch mit dieser Ermächtigung eine Kompetenzverlagerung von der Hauptversammlung auf den Vorstand einhergeht, sieht das Gesetz gewisse zeitliche und betragsmäßige Einschränkungen vor. Außerdem sollen die neuen Aktien nur mit Zustimmung des Aufsichtsrats ausgegeben werden, § 202 Abs. 3 Satz 2 AktG.

Bezugsrecht

Um zu gewährleisten, dass einem Aktionär auch nach einer Kapitalerhöhung quotenmäßig der gleiche Beteiligungswert verbleibt, steht ihm ein Bezugsrecht auf die neu geschaffenen Aktien zu, § 186 Abs. 1 AktG.

Das Bezugsrecht kann jedoch im Beschluss ganz oder teilweise ausgeschlossen werden, § 186 Abs. 3 AktG. Der Ausschluss muss ausdrücklich und ordnungsgemäß bekannt gemacht worden sein. Der Vorstand hat der Hauptversammlung über die Gründe schriftlich zu berichten, § 186 Abs. 4 AktG. Darüber hinaus muss der Ausschluss verhältnismäßig und angemessen sein. Das Interesse der Gesellschaft am Ausschluss des Bezugsrecht, muss also das des Aktionärs am Erhalt seiner quotalen Beteiligung oder Vermeidung sonstiger finanzieller Nachteile, die durch die Ausgabe neuer Aktien entstehen können, überwiegen. Bei nur geringfügigen Erhöhungen im Sinne von § 186 Abs. 3 Satz 4 AktG kann ein Ausschluss ohne diese Prüfung erfolgen.

Im Übrigen ist bei einem teilweisen Ausschluss von Bezugsrechten der Gleichbehandlungsgrundsatz zu wahren, § 53a AktG.

Kapitalerhöhung aus Gesellschaftsmitteln

Hat die Gesellschaft Kapital angespart, kann dieses anstelle einer Gewinnauskehrung in Form einer Kapitalerhöhung stärker an die Gesellschaft gebunden werden, § 207 ff. AktG. Die hierbei neu entstehenden Aktien stehen den Aktionären als Gratisaktien zu, § 212 Satz 1 AktG.

Kapitalherabsetzung

Umgekehrt ist eine Kapitalherabsetzung möglich, wenn die Gesellschaft über überschüssiges Kapital verfügt. Das kann der Fall sein, wenn noch offene Einlagepflichten der Aktionäre erlassen werden sollen oder vorhandenes Vermögen zwar noch bei der Gesellschaft verbleiben, jedoch leichter verfügbar sein soll. Dann kann mittels einer Kapitalherabsetzung das Eigenkapital zum Beispiel in eine bloße Rücklage überführt werden.

Für eine Kapitalherabsetzung ist ein satzungsändernder Beschluss erforderlich, § 23 Abs. 3 Nr. 3 AktG, und zwar mindestens mit 2/3-Mehrheit, § 222 Abs. 1 AktG. Die Kapitalherabsetzung erfolgt entweder durch die Einziehung von Aktien oder die Herabsetzung ihrer Nennbeträge. Bei der Einziehung von Aktien ist – sofern die betroffenen Aktionäre nicht zustimmen – auf die Beachtung des Gleichbehandlungsgrundsatzes achten, § 53a AktG.

Da durch die Kapitalherabsetzung der Gesellschaft Eigenkapital entzogen wird, das an sich als Haftungsfonds den Gläubigern zur Verfügung stehen soll, gewährt das Gesetz unter bestimmten Voraussetzungen einen Anspruch auf Sicherheitsleistung, § 225 AktG.

Vereinfachte Kapitalherabsetzung

Die vereinfachte Kapitalherabsetzung dient in der Regel der Sanierung der Gesellschaft. Tatsächlich wird das ausgewiesene Grundkapital den tatsächlichen Verhältnissen angepasst. § 229 AktG bestimmt, dass diese nur zum Ausgleich von Wertminderungen, Deckung von Verlusten sowie zur Einstellung von Beträgen in die Kapitalrücklage erfolgen darf. Gläubiger der AG können in diesem Fall keine Sicherheitsleistung verlangen.

Die Kapitalherabsetzung erleichtert es, Gewinne zu erzielen, was die Gesellschaft für neue Anleger wiederum attraktiver macht, so dass später das Grundkapital eventuell wieder heraufgesetzt werden kann.

Fremdfinanzierung

Neben einer schlichten Kreditaufnahme stehen der AG weitere Finanzierungsmöglichkeiten offen. Sie kann beispielsweise Inhaberschuldverschreibungen nach § 793 BGB ausgeben, die breit gestreut werden können.

3 Gesellschafterdarlehen

Nimmt die Gesellschaft von einem Gesellschafter ein Darlehen auf, gilt eine insolvenzrechtliche Besonderheit: Nach § 39 Abs. 1 Nr. 5 InsO gilt für alle Gesellschaften, bei denen keine natürliche Person unbeschränkt haftet, dass Forderungen aus Gesellschafterdarlehen oder wirtschaftlich entsprechenden Rechtshandlungen erst nach den übrigen Insolvenzgläubigern befriedigt werden dürfen. Eine Ausnahme besteht jedoch für den nicht geschäftsführenden Gesellschafter, der mit 10 Prozent oder weniger am Haftkapital beteiligt ist.

Mezzanine-Finanzierungsformen

Daneben existieren weitere Zwischenformen der Finanzierung, die in der Ausgestaltung zwischen dem Eigen- und dem Fremdkapital stehen: Es handelt sich um Wandelschuldverschreibungen oder sonstige Genussrechte, mit denen der Gesellschaft wirtschaftlich oder bilanziell Eigenkapital zugeführt wird, die Geldgeber jedoch keine Stimm- und Einflussnahmerechte auf die Gesellschaft erwerben. Es bestehen somit keine mitgliedschaftlichen Rechte.

Bei der Wandelschuldverschreibung erwirbt der Inhaber jedoch unter bestimmten Voraussetzungen das Recht, die Anleihe in eine Aktie umzuwandeln.

Aktionärsstellung

Erwerb der Aktionärsstellung

Der Aktionär erhält seine Rechte, indem er entweder bereits bei der Gründung oder bei einer Kapitalerhöhung der AG Anteile übernimmt, oder die Aktien von einem Dritten erwirbt.

Eine Anfechtung der Anteilsübernahme wegen Irrtums oder Täuschung bzw. Drohung nach den Regeln der §§ 119, 123 BGB ist nach der Eintragung ins Register ausgeschlossen. Ansonsten bestünde die Gefahr, dass niemand für die Aufbringung des Kapitals verantwortlich wäre.

Demgegenüber greift der Schutz von Minderjährigen und (beschränkt) Geschäftsunfähigen auch, wenn diese bei der Zeichnung nicht ordnungsgemäß vertreten waren oder keine erforderliche gerichtliche Genehmigung, §§ 1643 Abs. 1, 1822 BGB, vorliegt. Der Schutz dieser Personengruppen geht dem Interesse der AG und der Öffentlichkeit an der Kapitalaufbringung vor.

Ist die Mitgliedschaft nicht in einer Aktienurkunde verbrieft, erfolgt der Erwerb durch Abtretung, § 398 BGB.

Aktien, die auf den Namen lauten, können durch Indossament, Einigung und Übergabe übertragen werden, § 68 Abs. 1 AktG. Bei einer vinkulierten Aktie ist die Übertragung von der Zustimmung der Gesellschaft abhängig, § 68 Abs. 2 AktG. Gegenüber der AG gilt nur derjenige als Aktionär, der auch im Aktienregister eingetragen ist, § 67 Abs. 2 AktG.

Inhaberaktien werden durch Einigung und Übergabe der Aktie nach § 929 ff. BGB übereignet. Im Börsenhandel tritt an die Stelle der Übergabe von Papieraktien die Veräußerung des Miteigentumsanteils am Sammelbestand, der von der Sammelbank verwaltet wird. Es erfolgt also praktisch nur eine Umbuchung.

Informationsrechte

Jedem Aktionär steht in der Hauptversammlung im Rahmen der Gegenstände der Tagesordnung ein Auskunftsrecht über die Angelegenheiten der Gesellschaft zu, § 131 AktG. Da Themen wie Entlastung des Vorstands oder die Gewinnverwendung ein sehr weites Spektrum umfassen, ist auch das Fragerecht insoweit prinzipiell sehr umfassend. Demgegenüber darf der Vorstand die Auskunft unter anderem verweigern, wenn der Gesellschaft oder einem verbundenen Unternehmen bei der Auskunftserteilung ein nicht unerheblicher Nachteil drohen würde, § 131 Abs. 3 AktG. Hierauf kann sich der Vorstand jedoch nicht berufen, wenn einem anderen Aktionär bereits außerhalb der Hauptversammlung eine entsprechende Auskunft erteilt worden war.

Damit der Vorstand zulässige Fragen sachgerecht beantworten kann, hat er für die Anwesenheit sachkundiger Personen zu sorgen.

Wird die Auskunft zu Unrecht verweigert, kann der Aktionär ein Auskunftserzwingungsverfahren einleiten, § 132 AktG. Unter Umständen kann er auch den Beschluss, auf dessen Gegenstand sich die unbeantwortete Frage bezog, anfechten.

3

Treuepflichten

Den Aktionär trifft eine Treuepflicht sowohl gegenüber seinen Mitaktionären als auch gegenüber der Gesellschaft. Bei Verstoß gegen die Treuepflicht können Unterlassungs- und Schadensersatzansprüche entstehen. Letzteres setzt jedoch prinzipiell ein Verschulden voraus. Verschulden bedeutet vorsätzliches oder fahrlässiges Verhalten, § 276 BGB. Bei Kleinaktionären verlangt die Rechtsprechung regelmäßig ein vorsätzliches Verhalten, soweit eine treuwidrige Stimmabgabe im Raum steht, da diese wegen des Haftungsrisikos ansonsten von einer Stimmabgabe abgehalten würden.

Ansprüche gegen die Gesellschaft

Die Gesellschaft hat einen Gewinnverwendungsbeschluss herbeizuführen, § 174 AktG, so dass der Aktionär seinen Anspruch auf Beteiligung am Bilanzgewinn, § 58 Abs. 4 AktG, beziffern kann.

Bei einer Kapitalerhöhung kann er ein Bezugsrecht geltend machen, § 186 AktG, und umgekehrt bei einer Kapitalherabsetzung einen Anspruch auf Beteiligung am Liquidationserlös, § 271 AktG.

Ein generelles Recht auf rechtmäßiges Verhalten der Organe der AG gegen die Gesellschaft aus dem allgemeinen Mitgliedschaftsrecht und über die im Aktiengesetz genannten Befugnisse hinaus, besteht jedoch nicht.

Kodifiziert ist im Aktienrecht der Gleichbehandlungsgrundsatz nach § 53a AktG.

Ansprüche von Gläubigern der Gesellschaft

Für Ansprüche gegen die Gesellschaft haftet der Aktionär grundsätzlich nicht, sondern die AG selbst.

Ausnahmsweise kann eine sogenannte Durchgriffshaftung bestehen, nämlich in Fällen der Vermögensvermischung, der Unterkapitalisierung oder des existenzvernichtenden Eingriffs. Diese Haftungstatbestände haben vor allem bei der GmbH praktische Bedeutung erlangt und sollen deshalb dort behandelt werden (vgl. Seite 146 f.).

Verlust der Aktionärsstellung

Der Aktionär verliert seine Beteiligung nicht nur durch Veräußerung, sondern auch durch Kaduzierung, § 64 AktG. Darunter versteht man die Einziehung der Anteile, wenn die Einlage nicht rechtzeitig geleistet wird.

Die Satzung kann weitere Einziehungstatbestände regeln, § 237 Abs. 1 Satz 2 AktG.

Verfügt ein Mehrheitsaktionär über mindestens 95 Prozent der Anteile, kann die Hauptversammlung auf sein Verlangen beschließen, dass die übrigen Anteile auf ihn übertragen werden müssen, § 327a AktG (sog. Squeeze-out).

Noch nicht abschließend höchstrichterlich geklärt ist, ob ein Aktionär auch aus wichtigem Grund ausgeschlossen werden kann, ohne dass dies in der Satzung ausdrücklich vorgesehen ist. Voraussetzung wäre in jedem Fall, dass eine Fortsetzung der Beteiligung unzumutbar geworden ist. Dies wird man beispielsweise bei einer Publikumsgesellschaft nur schwer begründen können. Bei einem Ausschluss ist der betroffene Aktionär abzufinden.

Auflösung und Beendigung

Auflösungsgründe sind in § 262 AktG normiert:

- Zeitablauf

- Beschluss der Hauptversammlung mit mindestens 3/4-Mehrheit

- Eröffnung des Insolvenzverfahrens bzw. dessen Ablehnung mangels Masse

- Verfügung des Registergerichts

- Löschung wegen Vermögenslosigkeit

Außer bei Löschung wegen Vermögenslosigkeit und Eröffnung des Insolvenzverfahrens findet im Anschluss ein Liquidationsverfahren nach § 263 ff. AktG statt. Die Abwicklung wird vom Vorstand durchgeführt, § 265 AktG. Gläubiger werden aufgefordert, ihre Ansprüche anzumelden, § 267 AktG. Nach Begleichung der Verbindlichkeiten wird das restliche Vermögen unter den Aktionären quotengemäß verteilt, § 271 AktG.

Solange die Vermögensaufteilung noch nicht begonnen hat, kann die Hauptversammlung die Fortsetzung der Gesellschaft beschließen, § 274 Abs. 1 AktG. Nach Abwicklung ist die Gesellschaft beendet und wird aus dem Register gelöscht, § 273 Abs. 1 Satz 2 AktG.

3

4. Kommanditgesellschaft auf Aktien

Das Recht der Kommanditgesellschaft auf Aktien (KGaA) regeln § 278 ff. AktG. Bei der KGaA haftet mindestens ein Gesellschafter den Gläubigern unbeschränkt, wie in der KG. Dies sind die Komplementäre. Ihr Rechtsverhältnis zueinander und gegenüber Dritten bestimmt sich gemäß § 278 Abs. 2 AktG nach dem Recht der KG im HGB. Hier wie dort kann jedoch auch eine juristische Person die Rolle des Komplementärs übernehmen. Die übrigen Gesellschafter sind als Kommanditaktionäre am Grundkapital beteiligt, ohne für die Verbindlichkeiten zu haften. Für sie gilt nach § 278 Abs. 3 AktG das Recht der AG im AktG.

Die KGaA ist juristische Person und kraft Rechtsform Handelsgesellschaft, § 278 Abs. 1, 3 AktG sowie § 6 HGB.

Die Geschäfte werden von den Komplementären geführt. Sie werden nicht vom Aufsichtsrat bestimmt, sondern bereits in der Satzung benannt, § 281 Abs. 1 AktG, oder zumindest wird das Wahlverfahren dort festgelegt.

Die Kommanditaktionäre üben ihre Rechte in der Hauptversammlung aus. Auf die Geschäftsführung haben sie prinzipiell keinen Einfluss, es sei denn, es handelt sich um außergewöhnliche Geschäfte; dann besteht nach § 278 Abs. 2 AktG i. V. m. § 164 HGB ein Zustimmungserfordernis. Diese gesetzliche Regel kann jedoch in der Satzung bis zu einer gewissen Grenze eingeschränkt werden.

Dem Aufsichtsrat kommen – von der Berufung der Komplementäre abgesehen - in vielerlei Hinsicht dieselben Befugnisse zu wie bei der AG. Er überwacht die Geschäftstätigkeit der Komplementäre und vertritt die KGaA gegenüber selbigen. Er führt außerdem die Beschlüsse der Hauptversammlung aus.

5. Europäische Aktiengesellschaft (SE)

Die Societas Europaea (SE) kommt nur für grenzüberschreitende Vereinigungen in Betracht, Art. 2 der VO EG Nr. 2157/2001 (SE-VO). Natürliche Personen können nicht Gründer sein. Sie wird im Wege von Umstrukturierungen bestehender Gesellschaften errichtet, nicht durch Neugründung.

Sie wird ins Handelsregister eingetragen, § 3 SE-Ausführungsgesetz, und erhält damit eine eigene Rechtspersönlichkeit, Art. 1 Abs. 3 SE-VO.

3

Es gelten die benannte Verordnung sowie in Deutschland das SE-Ausführungsgesetz und ergänzend das AktG. Außerdem gilt die Richtlinie EG 2001/86/EG. Anstelle der sonst im deutschen Recht üblichen dualistischen Leitung (durch Vorstand und Aufsichtsrat) sieht das Recht der SE alternativ eine monistische Leitung durch nur ein Organ, den sogenannten Verwaltungsrat, vor. Der Verwaltungsrat bestellt wiederum den geschäftsführenden Direktor, der den Weisungen des Verwaltungsrats unterliegt, § 44 Abs. 2 SE-Ausführungsgesetz.

Besonderheiten bei der Arbeitnehmermitbestimmung regelt das SE-Beteiligungsgesetz.

6. Gesellschaft mit beschränkter Haftung

Die Gesellschaft mit beschränkter Haftung (GmbH) ist eine personalistisch geprägte Gesellschaftsform, in der die Gesellschafter weitgehend frei entscheiden können, wie sie sich organisieren wollen. Sie ist eher auf einen kleineren Kreis von Gesellschaftern angelegt. Ihre Anteile können auch nicht an der Börse gehandelt werden. Schutzvorschriften für Anleger sind kaum vorgesehen.

Die praktische Bedeutung ist enorm: Es dürfte mehr als 1 Million in der Rechtsform der GmbH oder Unternehmergesellschaft (UG haftungsbeschränkt) – die „kleine Schwester" der GmbH – betriebene Firmen in Deutschland geben. Sie eignet sich sowohl für Familiengesellschaften als auch zur Haftungsbeschränkung einer Einzelperson, denn auch „Ein-Personen-GmbHs" sind zulässig, § 1 GmbHG.

Oftmals übernimmt eine GmbH die Rolle des Komplementärs in der Kommanditgesellschaft (vgl. Seite 57 ff.).

Die GmbH ist eine Gesellschaft mit eigener Rechtspersönlichkeit, welche sie durch die Eintragung ins Handelsregister erlangt. Die Anteile sind in Stammkapital zerlegt. Den Gläubigern haftet prinzipiell nur das Gesellschaftsvermögen, nicht das Privatvermögen der Gesellschafter. Sie ist als Handelsgesellschaft Formkaufmann, § 6 HGB, das heißt die Vorschriften des HGB über den Handelsstand, die Firmenführung und Handelsgeschäfte etc. gelten auch für die GmbH.

3 Gründung

Die GmbH wird durch einen Gesellschaftsvertrag gegründet, auch wenn nur ein einziger Gesellschafter vorhanden ist. Der Gesellschaftsvertrag muss notariell beurkundet werden. Bei kleinem Gesellschafterkreis bis zu drei Gesellschaftern und einem Geschäftsführer kann als Gesellschaftsvertrag das in § 2 Abs. 1a GmbHG genannte vereinfachte Musterprotokoll verwendet werden. Allerdings bietet dieses nur rudimentäre, nicht individualisierte und daher oftmals praxisuntaugliche Inhalte.

Die Gründer übernehmen das in Anteile zerlegte Stammkapital der Gesellschaft und somit die Pflicht zur Einzahlung desselben. Das Mindeststammkapital beträgt nach § 5 Abs. 1 GmbHG 25.000 Euro. Wenn auf jeden Anteil mindestens 1/4 sowie insgesamt mindestens die Hälfte des Mindeststammkapitals eingezahlt ist, § 7 Abs. 2 GmbHG, kann die Gesellschaft von allen Geschäftsführern zusammen zum Handelsregister angemeldet werden, § 7 Abs. 1 GmbHG.

Bei der UG (haftungsbeschränkt) muss das Stammkapital voll eingezahlt sein, § 5a Abs. 2 GmbHG. Das Stammkapital der GmbH darf dafür bei der UG (haftungsbeschränkt) auch die genannten 25.000 Euro unterschreiten, § 5a Abs. 1 GmbHG. Bei der Anmeldung sind die in § 8 GmbHG genannten Unterlagen beizufügen, insbesondere der Gesellschaftervertrag, die Legitimation der Geschäftsführer, eine Gesellschafterliste und evtl. ein Sachgründungsbericht.

Gesellschaftsvertrag

Der Gesellschaftsvertrag muss nach § 3 GmbHG mindestens enthalten:

- die Firma und den Sitz der Gesellschaft
- den Gegenstand des Unternehmens
- den Betrag des Stammkapitals
- die Zahl und die Nennbeträge der Geschäftsanteile, welche auf volle Euro lauten müssen, § 5 Abs. 2 GmbHG
- eventuell übernommene weitere Pflichten der Gesellschafter

Darüber hinaus sind weitere Regelungen möglich und werden auch in der Praxis oftmals getroffen.

Auslegung

Bei unklaren Satzungsbestimmungen stellt sich die Frage, wie diese auszulegen sind. Nach ständiger Rechtsprechung müssen Satzungsklauseln nach objektivem Verständnis, also so wie sie ein verständiger Dritte verstehen darf, ausgelegt werden. Individuelle Vorstellungen der Gesellschafter, die in der Abfassung jedoch nicht hinreichend zum Ausdruck kommen, sollen außen vor bleiben, weil die Satzung auch gegenüber später hinzukommenden Neugesellschaftern wirkt. Dieser informiert sich anhand der Satzung über die auf ihn zukommenden Rechte und Pflichten. Interne Vorstellungen der Altgesellschafter bei Vertragsabschluss sind ihm in der Regel nicht bekannt.

Inhaltskontrolle

Bei Publikumsgesellschaften kommt zum Schutz von Anlegern auch bei der GmbH eine Inhaltskontrolle von Klauseln nach § 242 BGB in Betracht. Die Schutzbedürftigkeit der Gesellschafter steigt, je mehr Einfluss und Macht dem Management zugeschrieben wird.

Schuldrechtliche Nebenabreden

Bei Vereinbarungen zwischen Gesellschaftern muss unterschieden werden zwischen sogenannten korporativen Bestimmungen, die zwingend in die Satzung geschrieben werden müssen, um formwirksam zu sein, und anderen bloßen schuldrechtlichen Nebenabreden.

Korporative Bestimmungen können nur durch Satzungsänderung, die wiederum notariell beurkundet sein muss, § 53 Abs. 2 GmbHG, wieder aufgehoben werden. Außerdem gelten sie gegenüber Neu-gesellschaftern automatisch.

An schuldrechtliche Abmachungen ist ein Neugesellschafter hin-gegen ohne gesonderte Vereinbarung nicht gebunden. Deshalb können bei der Auslegung unklarer Bestimmungen auch die in-dividuellen Vorstellungen der Parteien bei Abschluss berücksichtigt werden. Welche Art von Vereinbarung die Gesellschafter gewollt haben, ist durch Auslegung zu ermitteln. Die Aufnahme in die Satzung spricht für eine korporative Regelung. Zwingend ist dies jedoch nicht.

3 Einlage

Bareinlage

Die Einlagen müssen zur freien Verfügung an die GmbH geleistet werden, § 8 Abs. 2 Satz 1 GmbHG. Daran fehlt es beispielsweise, wenn die Einlage absprachegemäß wieder an den Gesellschafter zurückfließen soll, etwa zwecks Tilgung einer Verbindlichkeit. Des-gleichen, wenn auf ein debitorisches Konto eingezahlt wird und die GmbH keinen neuen Kredit erhält.

Die Gesellschafter können von ihrer Verpflichtung zur Leistung nicht befreit werden, § 19 Abs. 2 GmbHG. Eine Aufrechnung durch den Gesellschafter mit Gegenansprüchen gegen die Gesellschaft ist nur im Zusammenhang mit vereinbarten Sachübernahmen anstelle der Einlageverpflichtung zulässig, § 19 Abs. 2 Satz 2 GmbHG.

Auch die GmbH kann allenfalls mit vollwertigen (das heißt, das Gesellschaftsvermögen reicht zur Tilgung aller Forderungen aus), liquiden und fälligen Ansprüchen des Gesellschafters gegen die Gesellschaft aufrechnen. Etwas anderes kann gelten, wenn die Gesellschaft durch die Aufrechnung letztlich wirtschaftlich besser steht als ohne Aufrechnung. Das ist dann der Fall, wenn die Einlage-forderung uneinbringlich ist und auch nicht durch Übertragung des Anteils an eine andere Person werthaltig gemacht werden kann.

Aufrechnungsvereinbarungen sind zulässig, wenn auch die Gesell-schaft aufrechnen dürfte.

Ist ein „Hin-und-her-Zahlen" der Einlage vereinbart worden, ist dies von den Geschäftsführern bei der Handelsregisteranmeldung an-zugeben, § 19 Abs. 5 Satz 2 GmbHG. Das Registergericht prüft, ob diese Vereinbarung den gesetzlichen Voraussetzungen entspricht, ansonsten erfolgt keine Eintragung.

Sacheinlage

Die Gesellschafter können auch vereinbaren, dass ein Gesellschafter anstelle einer Geldzahlung eine Sacheinlage an die Gesellschaft leistet. Bei der UG (haftungsbeschränkt) ist dies jedoch nicht gestattet, § 5a Abs. 2 Satz 2 GmbHG.

Die Ausführungen zur AG betreffend Sacheinlagen (vgl. Seite 98 f.) gelten auch hier. Im Gesellschaftsvertrag sind der Gegenstand der Einlage, die Person des Leistenden und der Nennbetrag des Geschäftsanteils, der dafür gegeben wird, zu benennen, § 5 Abs. 4 Satz 1 GmbHG. Zur Bewertung der Sacheinlage ist ein Sachgründungsbericht zu erstellen, § 5 Abs. 4 Satz 2 GmbHG, der auch dem Registergericht vorzulegen ist, § 8 Abs. 1 Nr. 4 GmbHG. Es kann auch ein Unternehmen als Sacheinlage eingebracht werden. In diesem Fall sind die Jahresergebnisse der letzten beiden Jahre anzugeben. Bei einer wesentlichen Unterbewertung wird das Registergericht die Eintragung der GmbH ablehnen, § 9a Abs. 1 Satz 2 GmbHG.

3

Außerdem haften die Gründer und Geschäftsführer für die Richtigkeit der Angaben der Gesellschaft gegenüber. Bei einem Verstoß haften diese der Gesellschaft für fehlende Einzahlungen. Außerdem trifft bei einer Unterbewertung den betroffenen Gesellschafter eine Bardeckungspflicht, das heißt er muss die Differenz zwischen Nennbetrag und tatsächlichem Wert der Sacheinlage in Geld nachzahlen.

Verdeckte Sacheinlage

Eine verdeckte Sacheinlage befreit den Gesellschafter nicht von seiner Einlageverpflichtung, § 19 Abs. 4 GmbHG. Allerdings wird der Wert der Sacheinlage angerechnet. Die Beweislast für die Werthaltigkeit trägt der Gesellschafter.

Eine Heilung kann erfolgen durch Satzungsänderung, indem die an sich vereinbarte Bareinlage regulär in eine ordnungsgemäße Sacheinlage umgewandelt wird.

Kaduzierung

Erfüllt ein Gesellschafter seine Einlageverpflichtung nicht, kann er aus der Gesellschaft ausgeschlossen werden. Die Pflicht zur Erbringung der Einlage bleibt jedoch bestehen, § 21 Abs. 3 GmbHG. Auch Rechtsvorgänger des Gesellschafters haften auf die Einlage, § 22 GmbHG, wobei der frühere nur dann in Anspruch genommen werden kann, wenn die Einlage von seinem Rechtsnachfolger nicht zu erlangen ist. Der Anteil geht an den Rechtsvorgänger, wenn dieser die Einlage erbringt, § 22 Abs. 4 GmbHG.

Sollte auch auf diese Weise die Einlage nicht realisiert werden können, haften die übrigen Gesellschafter entsprechend ihrer Anteile, § 24 GmbHG.

3 **Vorgründungsgesellschaft**

Bisweilen wollen die künftigen Gesellschafter schon vor Errichtung der GmbH die Geschäfte aufnehmen. Geschieht dies vor Abschluss des GmbH-Gesellschaftsvertrags, liegt eine sogenannte Vorgründungsgesellschaft vor. Diese hat die Rechtsform einer GbR oder – wenn sie ein Handelsgewerbe betreibt – einer OHG. Weigert sich später einer der Gründer abredewidrig an der Errichtung der GmbH mitzuwirken, kann er nur dann dazu verpflichtet werden, wenn der Vorgründungsvertrag ebenfalls notariell beurkundet wurde.

Außerdem haften die Gründer in diesem Stadium persönlich für Schulden aus dem Unternehmen, da noch keine Haftungsbeschränkung eingetreten ist. Dies können sie auch nicht dadurch verhindern, dass sie bereits – rechtswidrig – unter der Rechtsform der GmbH auftreten.

Vorgesellschaft

Mit notariellem Abschluss des Gesellschaftsvertrags entsteht die sogenannte Vorgesellschaft. Der Zweck der Vorgesellschaft ist die Errichtung der GmbH. Dies schließt Vorbereitungshandlungen für das zu gründende Unternehmen nicht aus.

Der Vorgesellschaft wird bereits weitgehend Rechtsfähigkeit zuerkannt. Sie kann Verträge schließen, ins Grundbuch eingetragen werden und ist vor Gericht parteifähig.

Für die Vorgesellschaft soll bereits in vielen Punkten GmbH-Recht zur Anwendung kommen, auch wenn zur endgültigen Entstehung der GmbH noch die Handelsregistereintragung fehlt. Das gilt insoweit, als es nicht auf die Eintragung ankommt. So werden bereits

Beschlüsse nach § 47 GmbHG gefasst. Für Satzungsänderungen soll jedoch noch Einstimmigkeit erforderlich sein.

Die Vorgesellschafterversammlung kann bereits Geschäftsführer bestellen, welche ihrer Weisung unterworfen sind. Nach der Rechtsprechung ist die Vertretungsmacht der Geschäftsführer – jedenfalls soweit nichts anderes vereinbart ist – (noch) auf den Zweck der Vorgesellschaft beschränkt.

Wird ein Unternehmen in Form der Sachgründung eingebracht, bezieht sich die Vertretungsmacht auch auf die damit verbundene Geschäftsführung.

3

Bei einer ordnungsgemäßen Vertretung der Vorgesellschaft wird diese selbst verpflichtet. Die Gründer haben etwaige ungedeckte Verluste der Vorgesellschaft ihrer Beteiligungsquote entsprechend auszugleichen (Verlustdeckungshaftung). Bei Ausfall eines Gesellschafters müssen die übrigen dessen Haftungsanteil übernehmen, § 24 GmbHG. Den Gläubigern selbst sollen die Gründungsgesellschafter jedoch nicht mehr haften. Ein Gläubiger der Vorgesellschaft kann aber den Ausgleichsanspruch der Vorgesellschaft gegen die Gesellschafter pfänden. Ein direkter Zugriff auf den Gesellschafter soll außerdem bei der Ein-Mann-GmbH möglich sein, ebenso, wenn die Vorgesellschaft vermögenslos ist.

Die Verlustdeckungshaftung der Gesellschafter bleibt übrigens auch nach der Eintragung als Unterbilanzhaftung bestehen: Es handelt sich nun um die Differenz zwischen tatsächlichem Reinvermögen zum Zeitpunkt der Eintragung und Höhe des Stammkapitals (abzüglich Gründungskosten). Die Summe ist deshalb höher.

Neben der Haftung der Gesellschafter auf Verlustdeckung gegenüber der Gesellschaft tritt die Handelndenhaftung nach § 11 Abs. 2 GmbHG: Dies betrifft die Geschäftsführer und solche Personen, die sich als Geschäftsführer gerieren. Gemeint sind nur Verbindlichkeiten, die durch Rechtsgeschäft begründet wurden. Steuerschulden sind also von der Handelndenhaftung nicht umfasst. Geschäftsführer können gegen die Vorgesellschaft einen Freistellungsanspruch haben. Die Bedeutung der Handelndenhaftung ist praktisch wegen der o. g. Verlustdeckungshaftung der Gesellschafter eher gering. Mit der Eintragung ins Handelsregister erlischt die Handelndenhaftung.

Mit der Eintragung ins Register erlischt die Vorgesellschaft. Rechte und Pflichten gehen auf die GmbH über.

Vorrats- und Mantelgesellschaften

Diese Gesellschaften sind bereits von anderen Gesellschaftern gegründet worden und werden aus Gründen der Zeitersparnis sowie zur Minderung von Haftungsrisiken in der Gründungsphase von den Neugesellschaftern übernommen. Es werden also inaktive Gesellschaften „belebt". Für diese Übernahmen gelten die Gründungsvorschriften jedoch analog. Die Geschäftsführer haben dem Handelsregister die „wirtschaftliche Neugründung" anzuzeigen. Sie müssen versichern, dass die erforderlichen Einlagen erbracht sind und zur freien Verfügung stehen.

3

Geschäftsführer

Bestellung und Abberufung

Die Geschäftsführer werden grundsätzlich von der Gesellschafterversammlung bestellt, § 46 Nr. 5 GmbHG. Allerdings kann die Satzung auch etwas anderes vorsehen, zum Beispiel ein Sonderrecht zur Auswahl der Geschäftsführung für einen Gesellschafter.

Von der Bestellung zu unterscheiden ist der Abschluss eines Anstellungsvertrags. Die Gesellschaft wird hierbei von den Gesellschaftern vertreten.

Die Abberufung erfolgt ebenfalls durch die Gesellschafter, und zwar durch einfachen Mehrheitsbeschluss, soweit die Satzung keine andere Quote festlegt.

Vertretungsbefugnis

Die Geschäftsführer vertreten die GmbH nach außen, § 35 Abs. 1 GmbHG. Mehrere Geschäftsführer sind gesamtvertretungsberechtigt. Allerdings kann auch hier etwas anderes in der Satzung vereinbart werden. Eine inhaltliche Beschränkung oder gar ein Ausschluss von der Vertretungsbefugnis eines Geschäftsführers ist gesetzlich jedoch nicht vorgesehen.

Eine solche Beschränkung ist nach außen unwirksam. Zwar ist es durchaus möglich, intern eine Verteilung der Zuständigkeiten nach Ressorts vorzusehen. Hält sich ein Geschäftsführer nicht an diese Kompetenzverteilung, kann sie einem Dritten jedoch nicht entgegengehalten werden. Dieser darf sich auf die Vertretungsmacht des Geschäftsführers verlassen, § 37 Abs. 2 GmbHG.

Weisungen der Gesellschafterversammlung

Der Geschäftsführer ist an die Weisungen der Gesellschafterversammlung gebunden. Diese ist weisungsbefugt, § 37 Abs. 1 GmbHG. Im Unterschied zum Vorstand der AG handelt der Geschäftsführer der GmbH also nicht in eigener Verantwortung. In der Satzung oder im Anstellungsvertrag wird oftmals festgelegt, für welche Art von Geschäften der Geschäftsführer die Zustimmung der Gesellschafterversammlung einzuholen hat. Überschreitet er seine Befugnis, kann er sich schadensersatzpflichtig machen.

3

Dabei hat der Geschäftsführer zu beachten, dass es im Zweifel nicht genügt, die Zustimmung eines Gesellschafters einzuholen, auch wenn es sich dabei um den Mehrheitsgesellschafter handelt. Zuständig ist prinzipiell, wenn nichts anderes in der Satzung festgelegt ist, die Gesamtheit der Gesellschafter, das heißt die Versammlung.

Weisungen, die gegen Gesetze verstoßen, sind allerdings nichtig.

Beispiele:

Rechtswidrige Weisungen wären:

- Leistungen an Gesellschafter, die sich als Einlagenrückgewähr gemäß § 30 GmbHG darstellen
- Zahlungen bei Überschuldung oder Zahlungsunfähigkeit, § 64 GmbHG
- einen fälligen Insolvenzantrag nicht zu stellen, § 15a InsO

Haftung für fehlerhafte Geschäftsführung

Der Geschäftsführer ist zu ordnungsgemäßem Handeln für die Gesellschaft verpflichtet. Er hat die Sorgfalt eines ordentlichen Geschäftsmanns anzuwenden, § 43 Abs. 1 GmbHG. Auch für ihn gilt die Business Judgement Rule (vgl. Seite 107).

Es ist dem Geschäftsführer verboten, Wettbewerb zu treiben.

In der Satzung oder im Anstellungsvertrag können allerdings Haftungsmilderungen oder Erlaubnisse festgelegt werden. Die von § 43

Abs. 5 GmbHG bestimmte Verjährungsfrist von fünf Jahren kann vertraglich verkürzt werden.

Ob ein Schadensersatzanspruch gegen den Geschäftsführer geltend gemacht werden soll, entscheidet die Gesellschafterversammlung, § 46 Nr. 8 GmbHG. Es kann im Hinblick auf die Reputation des Unternehmens oder die weitere Zusammenarbeit mit dem Geschäftsführer sinnvoll erscheinen, darauf zu verzichten. Gläubiger können nicht direkt einen Schadensersatzanspruch geltend machen. Offen steht ihnen jedoch die Möglichkeit, einen solchen zu pfänden und sich überweisen zu lassen.

3 Will ein einzelner Gesellschafter einen Schadensersatzanspruch durchsetzen, etwa weil sich die Gesellschafterversammlung geweigert hat, einen entsprechenden Beschluss zu fassen, so kann er nicht sofort im Wege der acio pro socio selbst tätig werden, vielmehr muss er zunächst gegen den ablehnenden Beschluss der Versammlung vorgehen und diesen mit einer positiven Beschlussfeststellungsklage kombinieren.

Die jährliche Entlastung bewirkt – anders als im Aktienrecht – einen Verzicht der Gesellschafterversammlung auf die Geltendmachung von bekannten Schadensersatzansprüchen (sog. Präklusionswirkung).

Von besonderer Bedeutung ist § 64 Satz 1 GmbHG: Hiernach haftet der Geschäftsführer der Gesellschaft für Zahlungen, die er im Namen der Gesellschaft nach Eintritt der Insolvenzreife getätigt hat. Unter dieses fällt auch die Entgegennahme von Zahlungen Dritter auf einem debitorisch geführtem Bankkonto, da diese Zahlungen der Gesellschaft ebenfalls nicht zur Verfügung stehen. Ausgenommen sind Zahlungen, die mit der Sorgfalt eines ordentlichen Geschäftsmanns vereinbar sind. Damit soll verhindert werden, dass einzelne Gläubiger gegenüber anderen bevorzugt außerhalb eines regulären Insolvenzverfahrens befriedigt werden. Insolvenzverwalter machen von den Möglichkeiten, die § 64 GmbHG bietet, auch ausgiebig Gebrauch!

Die Haftung des Geschäftsführers wirkt sich vornehmlich im Verhältnis zur Gesellschaft, nicht zu den einzelnen Gesellschaftern aus. Diesen steht in der Regel kein eigener Haftungsanspruch zu. Schließlich besteht der entstandene Schaden in erster Linie darin, dass durch die Schädigung der Gesellschaft mittelbar ihr Anteil einen Verlust erleidet. Mit der Wiedergutmachung des Schadens der

Gesellschaft wird auch der Schaden der Gesellschafter automatisch kompensiert. Es sind jedoch Ansprüche aus Delikt denkbar, wenn ein Rechtsgut des Gesellschafters geschädigt wird.

Gegenüber Dritten, insbesondere Vertragspartnern der GmbH, kann ausnahmsweise ebenfalls eine persönliche Haftung des Geschäftsführers in Betracht kommen. Von praktischer Bedeutung sind vornehmlich Geschäfte, die der Geschäftsführer in der Krise der GmbH abgeschlossen hat.

Kann der Gläubiger seinen Anspruch gegen die GmbH wegen deren Vermögenslosigkeit nicht mehr (vollständig) realisieren, wird oft versucht, den Geschäftsführer persönlich in Regress zu nehmen. Dabei hat die Rechtsprechung eine Haftung aus unerlaubter Handlung bejaht, § 823 Abs. 1 BGB, wenn den Geschäftsführer gegenüber dem Vertragspartner eine sogenannte Garantenstellung trifft. Eine solche kann sich ergeben aus einer besonderen Übernahme (z. B. durch Inanspruchnahme besonderen Vertrauens) oder aus vorangegangenem gefährlichen Tun, etwa wenn der Geschäftsführer eine Situation herbeiführt, die mit einer besonderen Vermögensgefährdung verbunden ist. Dies wurde von der Rechtsprechung bejaht bei einem Zusammentreffen eines Forderungsabtretungsverbots des Abnehmers mit einem verlängerten Eigentumsvorbehalt des Lieferanten: Der Lieferant fiel mit seinem Eigentumsvorbehalt aus und nahm erfolgreich den Geschäftsführer in Anspruch.

3

Auch eine Haftung wegen Insolvenzverschleppung (§ 823 Abs. 2 BGB i. V. m. § 15a Abs. 1 InsO oder § 826 BGB) gegenüber Geschäftspartnern, die bei Kenntnis von den wahren Vermögensverhältnissen der GmbH gar nicht mehr mit dieser kontrahiert hätten, wird von der Rechtsprechung bejaht (BGH, Urteil vom 06.06.1994, Az. II ZR 292/91).

Faktischer Geschäftsführer

Von einem faktischen Geschäftsführer spricht man, wenn jemand zwar nicht offiziell zum Geschäftsführer bestellt wurde, dieser jedoch sich faktisch wie ein solcher verhält und die Geschicke der GmbH maßgeblich leitet.

Ob den faktischen Geschäftsführer die gleiche Haftung für Fehlentscheidungen oder -verhalten trifft, und er im Innenverhältnis gleiche Kompetenzen wie ein „echter" Geschäftsführer hat (z. B. das Recht zur Einberufung der Hauptversammlung), ist noch nicht für alle Fallkonstellationen abschließend geklärt. Der BGH hat jedenfalls auch für den faktischen Geschäftsführer die Insolvenzantragspflicht bejaht (BGH, Urteil vom 11.07.2005, Az. II ZR 235/03).

Kein faktisches Geschäftsführer-Verhältnis liegt vor, wenn lediglich das der Bestellung zugrunde liegende Anstellungsverhältnis unwirksam ist. Hier handelt es sich vielmehr um ein „faktisches Anstellungsverhältnis".

Aufsichtsrat

3

Die Bildung eines Aufsichtsrats ist nur bei Gesellschaften einer gewissen Größenordnung zwingend vorgeschrieben: Beschäftigt die GmbH regelmäßig mehr als 500, aber weniger als 2.000 Arbeitnehmer, kommt das Drittelbeteiligungsgesetz zur Anwendung, § 1 Abs. 1 Nr. 3 DrittelbG, ab 2.000 Arbeitnehmern das Mitbestimmungsgesetz, § 1 Abs. 1 MitbestG, mit der Folge, dass zur Sicherstellung der unternehmerischen Mitbestimmungsrechte der Arbeitnehmerschaft zwingend ein Aufsichtsrat zu bilden ist.

Ist kein Aufsichtsrat gesetzlich vorgeschrieben, kann die Satzung bestimmen, dass ein solcher fakultativ gebildet wird.

Die Kompetenzen bei obligatorischen Aufsichtsräten nach dem Mitbestimmungsgesetz entsprechen weitgehend denjenigen bei der AG, § 25 Abs. 1 MitbestG. Insbesondere ist er für die Bestellung und Anstellung des Geschäftsführers zuständig, § 31 MitbestG. Er kann auch bestimmte Geschäftsführungsmaßnahmen unter seinen Zustimmungsvorbehalt stellen. Im Übrigen bleibt es jedoch bei der Weisungsbefugnis der Gesellschafterversammlung.

Bei Aufsichtsräten, die nach dem Drittelbeteiligungsgesetz geschaffen wurden, sind die Kompetenzen anders geregelt, insbesondere besteht kein Recht zur Bestellung der Geschäftsführung, § 1 Abs. 1 Nr. 3 DrittelbG.

Bei fakultativen Aufsichtsräten richten sich die Kompetenzen nach den satzungsmäßigen Bestimmungen. Jedoch sind ihm die zur Wahrnehmung seiner Aufgabe, nämlich Überwachung der Geschäftsführung, erforderlichen Informationsrechte und Befugnisse einzuräumen. Fehlt es daran, handelt es sich eventuell nicht um einen Aufsichtsrat, sondern um einen bloßen Gesellschafterausschuss.

Beirat

Besonders in Familienunternehmen wird häufig als zusätzliches, fakultatives Organ ein Beirat gebildet. In diesem können sodann die am Unternehmen beteiligten Familienstämme abgebildet werden. Soweit zwingendes GmbH-Recht nicht entgegensteht, können verschiedene Kompetenzen durch die Satzung übertragen werden. Soll der Beirat die Geschäftsführung überwachen, gilt auch für ihn § 52 GmbHG und damit weitgehend das Recht des Aufsichtsrats aus der AG.

Gesellschafterversammlung

Zuständigkeiten

3

Die Gesellschafterversammlung ist für alle für die Gesellschaft besonders bedeutenden Angelegenheiten zuständig. § 46 GmbHG listet unter anderem folgende Kompetenzen auf:

- Feststellung des Jahresabschlusses und Gewinnverwendung

- Billigung der Abschlüsse

- Einforderung von Einlagen

- Rückzahlung von Nachschüssen

- Teilung, Zusammenlegung und Einziehung von Geschäftsanteilen

- Bestellung und Abberufung von Geschäftsführern sowie deren Entlastung

- Überwachung der Geschäftsführung

- Bestellung von Prokuristen und Handlungsbevollmächtigten

- Geltendmachung von Ersatzansprüchen gegen Geschäftsführer oder Gesellschafter

Dazu kommen Grundlagenentscheidungen wie über Verschmelzung und Formwechsel, §§ 13, 193 UmwG, Satzungsänderungen, § 53 GmbHG, Kapitalerhöhungen und -herabsetzungen, Auflösung der GmbH, und ferner Angelegenheiten, die die Satzung der Gesellschafterversammlung zuweist, § 45 Abs. 1 GmbHG.

Einberufung

Die Gesellschafterversammlung wird von der Geschäftsführung einberufen, § 49 Abs. 1 GmbHG. Gesellschafter, deren Geschäftsanteile mindestens 10 Prozent des Stammkapitals entsprechen, können vom Geschäftsführer die Einberufung und die Abstimmung über bestimmte Themen verlangen. Kommt dieser der Aufforderung nicht nach, können sie selbst zur Gesellschafterversammlung laden, § 50 Abs. 1, 3 GmbHG.

Die Gesellschafterversammlung muss mindestens einmal jährlich abgehalten werden, da über den Jahresabschluss und die Entlastung der Geschäftsführung zu beschließen ist. Ansonsten ist sie immer dann einzuberufen, wenn es im Interesse der Gesellschaft erforderlich erscheint, § 49 Abs. 2 GmbHG. Daneben schreibt das Gesetz in bestimmten Fällen die Einberufung zwingend vor, etwa wenn die Hälfte des Stammkapitals verloren ist, § 49 Abs. 3 GmbHG.

Die Einberufung erfolgt durch eingeschriebenen Brief, § 51 Abs. 1 GmbHG, und zwar mindestens eine Woche vor dem Termin. Die Tagesordnung ist beizufügen. Beschlüsse zu Themen, die noch wenigstens drei Tage vor der Versammlung formgemäß angekündigt worden sind, können jedoch nicht allein aufgrund der Verspätung angefochten werden, § 53 Abs. 4 GmbHG.

Sind alle Gesellschafter (auch die nicht-stimmberechtigten) einverstanden und anwesend, können dennoch wirksame Beschlüsse gefasst werden, § 51 Abs. 3 GmbHG. Auch eine schriftliche Beschlussfassung ist möglich, § 48 Abs. 2 GmbHG.

Teilnahmeberechtigt sind alle Gesellschafter, unabhängig von ihrem Stimmrecht. Dritte können, müssen aber nicht zugelassen werden. Die Treuepflicht der Gesellschafter untereinander kann es jedoch gebieten, einen Vertreter oder einen rechtlichen Beistand zuzulassen.

Die Versammlung wählt in der Regel einen Versammlungsleiter aus. Das ist jedoch nicht zwingend.

Der Gesellschafter in der Ein-Mann-GmbH soll nach § 48 Abs. 3 GmbHG über seine Beschlüsse eine Niederschrift aufnehmen und unterzeichnen. Verstöße hiergegen führen jedoch nicht zur Unwirksamkeit der Beschlüsse. Der Gesellschafter hat jedoch Beweisprobleme, wenn er die Fassung eines bestimmten Beschlusses nachweisen muss und über keine Niederschrift verfügt.

Stimmrecht

Grundsätzlich ist jeder Gesellschafter zur Stimmabgabe berechtigt. Das Stimmrecht kann nicht vom Geschäftsanteil getrennt werden, sog. Abspaltungsverbot. Möglich ist jedoch die Bevollmächtigung eines Dritten, das Stimmrecht auszuüben. Die Bevollmächtigung muss in Textform erteilt werden, § 47 Abs. 3 GmbHG, § 126b BGB.

Jeder Euro eines Anteils gewährt eine Stimme, § 47 Abs. 2 GmbHG. Es können jedoch auch andere Regelungen in der Satzung festgelegt werden, zum Beispiel ein Stimmrecht nach Köpfen oder die Gewährung von Mehrstimmrechten. Auch die Beschränkung des Stimmrechts ist denkbar, etwa in Form eines Höchststimmrechts, sogar ein stimmrechtsloser Anteil ist möglich.

3

Ein Gesellschafter ist vom Stimmrecht ausgeschlossen, wenn er durch die Beschlussfassung entlastet oder von einer Verbindlichkeit befreit werden soll, § 47 Abs. 4 GmbHG. Dasselbe gilt, wenn die Beschlussfassung die Vornahme eines Rechtsgeschäfts oder Einleitung oder Erledigung eines Rechtsstreits gegenüber einem Gesellschafter betrifft. Für innerverbandliche Akte (vgl. Seite 89) gilt kein Stimmverbot. Das sind körperschaftliche Sozialakte, bei denen der Gesellschafter sein Mitgliedsrecht ausübt, wie Organbestellungsakte einschließlich der Regelungen der Bezüge und Anstellungsbedingungen.

Stimmbindungsverträge sind prinzipiell zulässig, allerdings sind gewisse Grenzen zu beachten: So wäre eine Vereinbarung unzulässig, das Stimmrecht nach Weisung der Geschäftsführung oder eines abhängigen Unternehmens auszuüben, § 136 Abs. 2 AktG gilt hier entsprechend. Schließlich obliegt den Gesellschaftern die Kontrolle der Geschäftsführung. Dieser Aufgabe würden sie nicht gerecht werden, wenn sie an deren Weisung gebunden oder fremde Interessen wahrnehmen würden.

Treuepflicht

Bei der Ausübung des Stimmrechts sind die Gesellschafter an ihre Treuepflicht gebunden. Je nach Ausgestaltung der GmbH kann die Treuepflicht unterschiedlich weit reichen. Bei einer Ein-Mann-GmbH fallen Gesellschafter- und Gesellschaftsinteresse zusammen, so dass die Treuepflicht gegenüber der GmbH – jedenfalls solange keine Gläubiger benachteiligt werden – keine besonderen Ansprüche begründen kann. Ansonsten kann es die Treuepflicht gebieten, in bestimmtem Sinn abzustimmen oder sich zumindest der Stimme zu enthalten. Ein treuwidriger Beschluss kann angefochten werden, der Gesellschafter sich schadensersatzpflichtig machen.

Gleichbehandlungsgebot

Das allgemeine gesellschaftsrechtliche Gleichbehandlungsgebot gilt auch im Verhältnis der GmbH-Gesellschafter. Unsachliche Benachteiligungen sollen verhindert werden. Allerdings kann auf Gleichbehandlung auch verzichtet werden.

Zulässig wäre es beispielsweise, die Höhe des Abfindungsanspruchs bei Ausscheiden aus der Gesellschaft nicht nur von der nominalen Beteiligung, sondern auch von der Dauer der Gesellschaftszugehörigkeit abhängig zu machen. Schließlich hat ein nur kurz beteiligter Gesellschafter nicht ebenso zur wirtschaftlichen Entwicklung der GmbH beigetragen wie der langjährige Gründungsgesellschafter.

Mehrheitserfordernis

Gemäß § 47 Abs. 1 GmbHG werden die Beschlüsse grundsätzlich mit einfacher Mehrheit gefasst. Für besonders wichtige Gegenstände sieht das Gesetz jedoch eine 3/4-Mehrheit vor, zum Beispiel bei Satzungsänderungen, § 53 Abs. 2 GmbHG, oder beim Auflösungsbeschluss, § 60 Abs. 1 Nr. 2 GmbHG. Die Satzung kann ebenfalls fakultativ andere Mehrheitserfordernisse vorsehen, § 45 GmbHG.

Zustimmungserfordernis

Teilweise wird zusätzlich die Zustimmung des betroffenen Gesellschafters verlangt, zum Beispiel wenn Sonderrechte entzogen, § 35 BGB analog, eine zusätzliche Leistungspflicht der Gesellschafter oder eine Pflicht zur Übernahme neuer Anteile begründet werden sollen.

Bis zur Erklärung der Zustimmung ist der Beschluss schwebend unwirksam.

Formerfordernisse

Satzungsänderungen müssen notariell beurkundet, § 53 Abs. 2 GmbHG, und ins Handelsregister eingetragen werden, § 54 Abs. 1 GmbHG.

Beschlussmängel

Das GmbHG enthält keine Regelungen, wie mit rechtswidrigen Beschlüssen umzugehen ist. Nach herrschender Ansicht wird man auch im GmbH-Recht wie bei der AG zwischen nichtigen und nur anfechtbaren Mängeln zu unterscheiden haben. Es gelten somit die Ausführungen zum Aktienrecht entsprechend (vgl. Seite 112 ff.), es sei denn, GmbH-spezifische Besonderheiten gebieten eine andere Behandlung.

Demnach sind besonders gravierende Mängel nichtig und können prinzipiell jederzeit von jedermann, der ein Rechtsschutzinteresse daran hat, geltend gemacht werden. Solche Mängel wären:

3

- gravierende Einberufungsmängel (es werden nicht alle Gesellschafter oder an einen falschen Ort geladen)

- Beurkundungsmängel

Allerdings können diese Mängel geheilt werden. Ladungsmängel werden geheilt, wenn alle Gesellschafter anwesend sind und sich auf die Versammlung einlassen, § 51 Abs. 3 GmbHG.

Getroffene Vereinbarungen, bei denen die Beurkundung versäumt wurde, können unter Umständen als schuldrechtliche Nebenabrede aufrechterhalten werden. Sie gilt dann aber nur zwischen den Parteien, die die Abrede getroffen haben, nicht zugunsten oder zulasten von Neugesellschaftern.

Andere Mängel sind lediglich anfechtbar. Handelt es sich um einen bloßen Verfahrensfehler, berechtigt dies nur zu einer Anfechtung des damit verbundenen Beschlusses, wenn sich dieser auf die Beschlussfindung überhaupt ausgewirkt hat. Inhaltliche Mängel wären zum Beispiel solche, die gegen die Treuepflicht oder den Gleichbehandlungsgrundsatz verstoßen. Anfechtbar sind nach der Rechtsprechung auch Verstöße gegen schuldrechtliche Nebenabreden.

Zur Anfechtung berechtigt sind alle Gesellschafter, die gegen den Beschluss gestimmt haben. Ein erklärter Widerspruch zum Protokoll ist nicht Voraussetzung, wird in der Praxis jedoch in aller Regel erfolgen.

Die Dauer der Anfechtungsfrist orientiert sich ebenfalls an § 246 Abs. 1 AktG, sollte also innerhalb eines Monats nach der Beschlussfassung erhoben werden. Zwar dient § 246 Abs. 1 AktG lediglich als Leitbild, so dass theoretisch auch eine Anfechtung noch nach Ablauf der Monatsfrist denkbar ist. Zur Vermeidung von Rechtsverlusten sollte die Frist jedoch nach Möglichkeit eingehalten werden.

Steht gar nicht fest, ob überhaupt ein wirksamer Beschluss gefasst wurde, kann keine Anfechtung erfolgen, vielmehr ist eine Feststellungsklage zu erheben, § 256 ZPO. Diese wiederum ist nicht fristgebunden.

Informationsrechte

Informationsrechte der Gesellschaft

Der Geschäftsführer ist der Gesellschaft zur Ablegung von Rechenschaft verpflichtet, § 666 BGB. Die Gesellschafter bestimmen über die Maßnahmen zur Prüfung und Überwachung der Geschäftsführung, § 46 Nr. 6 GmbHG.

Informationsrechte der Gesellschafter

Gemäß § 51a Abs. 1 GmbHG sind die Geschäftsführer verpflichtet, einem Gesellschafter auf Verlangen unverzüglich Auskunft über die Belange der Gesellschaft zu geben und Einsicht in Bücher, Schriften und die EDV zu gewähren. Umfasst sind auch Einzelheiten zu Verträgen.

Ein Gesellschafter einer Komplementär-GmbH kann auch Einsichtsrechte in die Unterlagen betreffend die Kommanditgesellschaft geltend machen. Schließlich haftet die GmbH als Komplementärin für deren Verbindlichkeiten.

Allerdings darf das Einsichts- und Informationsrecht nicht missbraucht werden. Es dient ausschließlich der sachgemäßen Ausübung der Gesellschafterrechte. Da diese sehr umfassend sind, kann mit diesem Argument nur selten eine Information verweigert werden. In Betracht kommt jedoch ein Verweigerungsrecht nach § 51a Abs. 2 GmbHG, wenn zu befürchten ist, dass der Gesellschafter die Informationen, beispielsweise zu Konkurrenzzwecken, missbrauchen möchte. Will der Geschäftsführer die Informationserteilung verweigern, muss er einen Beschluss der übrigen Gesellschafter herbeiführen, § 51a Abs. 2 Satz 2 GmbHG.

Wird die begehrte Information verweigert, kann der betroffene Gesellschafter ein Informationserzwingungsverfahren nach § 51b GmbHG einleiten. Außerdem kommt eine Beschlussanfechtung in

Betracht, wenn eine zur Stimmrechtsausübung erforderliche Information nicht erteilt worden war.

Finanzverfassung

Jahresabschluss

Wie für die AG gelten auch für die GmbH die Vorschriften der § 264 ff. HGB zum Jahresabschluss, den Lagebericht und die Abschlussprüfung. Oftmals wird sie wegen ihrer Größe von der Erstellung eines Lageberichts und Abschlussberichts befreit sein, § 264 Abs. 1 Satz 4 HGB.

Die Geschäftsführung stellt den Jahresabschluss auf und legt ihn der Gesellschafterversammlung zur Feststellung vor, § 42a Abs. 1 GmbHG.

3

Gewinnverwendung

Die Gesellschafterversammlung entscheidet auch über die Gewinnverwendung, § 46 Nr. 1 GmbHG. Nach § 29 Abs. 1 GmbHG haben die Gesellschafter zwar prinzipiell einen Anspruch auf Gewinnüberschuss, allerdings nur, sofern sich durch Gesetz, Satzung oder Beschluss nichts anderes ergibt. Der Gewinn kann somit auch in Rücklagen fließen oder als Gewinn vorgetragen werden.

Eine Beschlussfassung erfolgt mit einfacher Mehrheit. Damit Minderheitsgesellschafter nicht durch einen völligen Ausschluss der Gewinnverteilung unangemessen benachteiligt werden, muss dieser Beschluss zumindest kaufmännisch vertretbar sein.

Kapitalaufbringung

Zum Ausgleich dafür, dass die Gesellschafter für Verbindlichkeiten der GmbH prinzipiell nicht persönlich haftbar sind, soll die GmbH mit einer gewissen Vermögensmasse ausgestattet sein, um die Bedienung von Verbindlichkeiten der GmbH ausreichend zu sichern.

Der Grundsatz der Kapitalaufbringung besagt, dass das satzungsgemäße Stammkapital zumindest am Anfang des Bestehens der GmbH dieser auch zur Verfügung stehen muss. Das Stammkapital muss mindestens 25.000 Euro betragen (wenn es sich nicht nur um eine Unternehmergesellschaft handelt), § 5 Abs. 1 GmbHG. Das Stammkapital kann durch Bar- oder vollwertige Sacheinlagen erbracht werden.

Kapitalerhaltung

Das Stammkapital darf selbstverständlich nicht an die Gesellschafter zurückfließen, § 30 Abs. 1 Satz 1 GmbHG. Ebensowenig darf ein Gesellschafter bei einer bereits bestehenden Überschuldung der GmbH Leistungen aus Fremdmitteln der GmbH erhalten.

Erlaubt sind jedoch Austauschgeschäfte mit Gesellschaftern, wie sie nach kaufmännischen Grundsätzen auch mit einem Dritten abgeschlossen worden wären, § 30 Abs. 1 Satz 2 GmbHG.

Wenn durch das Rechtsgeschäft mit dem Gesellschafter keine Unterbilanz entsteht oder vertieft wird, ist der Grundsatz der Kapitalerhaltung im GmbH-Recht nicht verletzt, denn dann erhält die GmbH einen vollwertigen Gegenleistungs- oder Rückgewähranspruch gegen den Gesellschafter, § 30 Abs. 1 Satz 2 GmbHG. Bei einem Gesellschafterdarlehen ist somit auch die Bonität des Gesellschafters zu berücksichtigen.

Beispiel:

Ein Geschäftsführer versäumt es, die Bonität des Gesellschafters zu überprüfen, so dass die GmbH mit dem Darlehen ausfällt. Dadurch besteht ein Schadensersatzanspruch der GmbH gegen den Geschäftsführer.

In der Praxis wird häufig versucht, die Schutzregel des § 30 Abs. 1 Satz 1 GmbHG zu umgehen, teils mit Einschaltung Dritter als Treuhänder. Derartige verdeckte Gewinnausschüttungen verstoßen gegen den Grundsatz der Kapitalerhaltung.

Wird gegen § 30 Abs. 1 GmbHG verstoßen, müssen die Gesellschafter die erhaltenen Vorteile zurückerstatten, § 31 Abs. 1 GmbHG. Dies gilt auch dann noch, wenn die Unterbilanz zwischenzeitlich wieder ausgeglichen war. Dabei haften alle Mitgesellschafter entsprechend ihrer Quote für die Rückerstattung, sofern vom Gesellschafter, der die Mittel aus dem Gesellschaftsvermögen erhalten hat, nichts zu erlangen ist, § 31 Abs. 3 GmbHG. Der BGH hat die Haftung dabei auf die Höhe des Stammkapitals bzw. der jeweiligen Quote entsprechend beschränkt. Mit dem Rückerstattungsanspruch der GmbH kann nur eingeschränkt aufgerechnet werden, § 19 Abs. 2 Satz 2 GmbHG.

Hinzu kommt eine Haftung des Geschäftsführers, §§ 43 Abs. 3, 31 Abs. 6 GmbHG. Mit einer Weisung durch die Gesellschafter kann sich der Geschäftsführer nicht entlasten, wenn dadurch Gläubiger benachteiligt werden, § 43 Abs. 3 Satz 3 GmbHG.

Erwerb eigener Anteile

Der Kapitalerhaltung dient zudem das Verbot des Erwerbs eigener Anteile durch die GmbH, solange die Einlage hierauf noch nicht vollständig geleistet ist, § 33 Abs. 1 GmbHG. Desgleichen ist eine Annahme als Pfand eines solchen Gesellschaftsanteils nicht möglich. Anderslautende Vereinbarungen sind nichtig, § 134 BGB. Deshalb bleibt der veräußernde Gesellschafter zur Leistung der Einlage verpflichtet.

3

Auch nach der Erbringung der Einlage ist der Erwerb bzw. die Pfandnahme eigener Anteile durch die GmbH nur eingeschränkt möglich, nämlich dann, wenn der Anteil aus ungebundenem Vermögen bezahlt werden kann, das heißt die Gegenleistung nicht aus dem Stammkapital entnommen wird, § 33 Abs. 2 GmbHG.

Kapitalerhöhung

Entschließen sich die Gesellschafter zu einer Erhöhung des Stammkapitals, so ist hierfür eine Satzungsänderung und demzufolge ein entsprechender Beschluss erforderlich. Eine Pflicht zur Zustimmung kann sich insbesondere bei einer personalistisch geprägten GmbH unter Umständen aus der allgemeinen Treuepflicht des Gesellschafters ergeben. Entscheidend ist, welche Nachteile der GmbH bei Ausbleiben der Kapitalerhöhung drohen und im Gegenzug, welche Nachteile für den Gesellschafter bei deren Durchführung entstehen. Es empfiehlt sich, bereits im Gesellschaftsvertrag eine Regelung zur Nachschusspflicht aufzunehmen.

Der Geschäftsführer kann im Gesellschaftsvertrag – wie im Aktienrecht – unter gewissen Voraussetzungen ermächtigt werden, das Stammkapital durch Ausgabe neuer Anteile gegen Einlagen bis zu einem bestimmten Betrag zu erhöhen (genehmigtes Kapital).

Ist über die Kapitalerhöhung als solche beschlossen, stellt sich die Frage der Verteilung auf die Gesellschafter. Ist nichts weiter dazu vereinbart, erfolgt die Übernahme des erhöhten Stammkapitals entsprechend der bisherigen Quote. Sollen einzelne Gesellschafter gegen ihren Willen von diesem Bezugsrecht ausgeschlossen werden, bedarf es eines sachlichen Grundes und einer angemessenen und verhältnismäßigen Verteilung.

Die Übernahme der Anteile erfolgt durch einen Übernahmevertrag des Gesellschafters mit der Gesellschaft. Die Übernahmeerklärung muss notariell beglaubigt werden, § 55 Abs. 1 GmbHG. Nach Leistung der Einlage erfolgt die Eintragung der Kapitalerhöhung ins Handelsregister, § 57 GmbHG.

War die (erhöhte) Einlage bereits vor der Fassung des Erhöhungsbeschlusses und der entsprechenden Übernahmeerklärung geleistet worden, muss diese auch im Zeitpunkt des Kapitalerhöhungsbeschlusses noch tatsächlich im Vermögen der GmbH vorhanden sein, ansonsten muss der Gesellschafter nochmal leisten.

3

Kapitalerhöhung aus Gesellschaftsmitteln

Hier wird der Gesellschaft nicht durch die Gesellschafter neues Kapital zugeführt, vielmehr wird in der Gesellschaft angespartes Kapital in Stammkapital umgewandelt. Es werden sodann entweder neue Anteile gebildet oder der Nennbetrag der bestehenden Anteile erhöht sich entsprechend, § 57h GmbHG. Die neuen Anteile stehen zwingend den bisherigen Gesellschaftern quotenanteilig zu, § 57j GmbHG.

Die Umwandlung kann aus steuerlichen Gründen sinnvoll sein, aber auch, um die Aufnahme von Fremdkapital zu erleichtern, da hierdurch die Bonität der GmbH steigt.

Kapitalherabsetzung

Umgekehrt kann es sinnvoll erscheinen, als Stammkapital gebundenes Kapital wieder leichter für die GmbH verfügbar zu machen. Es kann in Rücklagen fließen oder an die Gesellschafter ausgeschüttet werden.

Da hierdurch der Grundsatz der Kapitalerhaltung tangiert wird, sind besondere Schutzvorschriften zugunsten der Gläubiger der GmbH zu beachten, § 58 GmbHG: Der Beschluss zur Kapitalverringerung muss den Gläubigern bekannt gemacht und müssen diese – sofern sie der Herabsetzung nicht zustimmen – befriedigt oder zumindest mit Sicherheiten ausgestattet werden. Andernfalls erfolgt keine Eintragung des Herabsetzungsbeschlusses ins Handelsregister.

Eine vereinfachte Kapitalherabsetzung ist zum Zweck der Sanierung unter den in § 58a GmbHG genannten Voraussetzungen zulässig. Sie dient dem Ausgleich von Wertminderungen und Verlusten.

Gesellschafterdarlehen und Finanzplanfinanzierung

Gibt ein Gesellschafter der GmbH ein Darlehen und gerät die GmbH in eine finanzielle Schieflage oder wird gar insolvent, stellt sich die Frage, ob der Gesellschafter ebenso wie ein sonstiger Gläubiger der GmbH behandelt werden kann oder ob er wegen seiner besonderen Sachnähe besonderen Beschränkungen unterworfen werden muss. Hätte er die Gesellschaft mit dem erforderlichen Stammkapital ausgestattet, stünde dieses Kapital nun den anderen Gläubigern zur Verfügung.

3

Die Rechtsprechung hatte deshalb unter dem Stichwort des „Eigenkapitalersatzrechts" eine umfangreiche Kasuistik zum Schutz der übrigen Gläubiger der GmbH entwickelt. Hiernach wurden Gesellschafterdarlehen wie Eigenkapital behandelt, sofern sie der Gesellschaft in der Krise zur Verfügung gestellt wurden und dies mit Rücksicht auf das gesellschaftsvertragliche Verhältnis erfolgte. Mit anderen Worten: wenn die GmbH auf dem freien Kapitalmarkt nicht mehr kreditwürdig gewesen wäre. Dabei wurde auch das bloße „Stehenlassen" des Kredits als eigenkapitalersetzende Maßnahme gewertet. Zudem wurden Rechtsgeschäfte mit einem Gesellschafter nahestehenden Personen diesen Regeln unterworfen.

Mit der letzten großen Gesetzesnovelle zum GmbHG (Gesetz zur Modernisierung des GmbH-Rechts und zur Bekämpfung von Missbräuchen – MoMiG vom 23.10.2008) wurde das Eigenkapitalersatzrecht abgeschafft. Allerdings bestimmt § 39 Nr. 5 InsO, dass Gesellschafterdarlehen im Insolvenzverfahren nachrangig zu behandeln sind. Dennoch gewährte Rückerstattungen sind anfechtbar, § 135 InsO, § 6 AnfG. Für nicht-geschäftsführende Gesellschafter mit einer Quote bis zu 10 Prozent sowie Neugesellschaftern, die Anteile zur Sanierung erworben haben, gilt der Grundsatz der Nachrangigkeit jedoch nicht, § 39 Abs. 5 Satz 2 und 6 InsO.

Finanzplan

Von einem Finanzplan spricht man, wenn die Gesellschafter vereinbart haben, der GmbH neben der Stammeinlage weitere, längerfristige Finanzierungsmittel zur Verfügung zu stellen. Das kann in

Form von Darlehen oder Nutzungsüberlassungen (z. B. von Grundstücken) geschehen. Liegt dem Finanzplan eine gemeinschaftliche, verbandsinterne Bindungsvereinbarung vor, rückt diese Form des Gesellschafterdarlehens nahe an die Funktion von Eigenkapital heran. Man spricht deshalb teils auch von „Ergänzungskapital" oder „einlagenahem Kapital". Einer derartigen „Konsortialvereinbarung" wird oft immanent die Vereinbarung zugrunde liegen, dieses nicht gerade dann, wenn die GmbH das Kapital am nötigsten braucht, nämlich in der Krise, wieder abzuziehen. Dennoch gewährte Rückerstattungen können deshalb dem Anfechtungsrecht nach § 135 Nr. 1, 2 InsO, § 6 AnfG, unterliegen.

3 Darüber hinaus kommt – je nach Ausgestaltung des Finanzplans – ein Rückgewährverbot nach § 30 Abs. 1 Satz 1 GmbHG in Betracht, sofern das Stammkapital hierdurch angegriffen wird. Höchstrichterlich ist die Behandlung der Finanzplankredite nach dem Inkrafttreten des MoMiG jedoch noch nicht entschieden.

Haftung des Gesellschafters für Schulden der GmbH

Die Gesellschafter haften für die Verbindlichkeiten der GmbH prinzipiell nicht. Von diesem Grundsatz gibt es jedoch Ausnahmen:

- Unterkapitalisierung
- Vermögensvermischung
- Bestandsvernichtender Eingriff

Unterkapitalisierung

Von Unterkapitalisierung ist die Rede, wenn zwar das gesetzlich vorgeschriebene Mindestkapital von 25.000 Euro, § 5 Abs. 1 GmbHG geleistet wurde, dies für den konkreten Unternehmenszweck jedoch eindeutig zu niedrig ist. Das festzustellen dürfte in der Regel schwierig sein. Eine Durchgriffshaftung zugunsten der Gläubiger kommt bei einer mangelnden Kapitalausstattung deshalb nur in extremen Fällen in Betracht, wo zumindest für einen Insider klar zu erkennen ist, dass die Kapitalausstattung nicht ausreichend ist.

Beispiel:
Lehrbuchbeispiel wäre eine Fluggesellschaft mit nur 25.000 Euro Stammkapital.

Auch ein Schadensersatzanspruch der Gesellschaft gegen ihre Gesellschafter kommt in Betracht, wenn diese schuldhaft nicht genügend Stammkapital zur Verfügung stellen. Dieser Schadensersatzanspruch könnte im Insolvenzfall vom Insolvenzverwalter geltend gemacht werden und so allen Gläubigern zugute kommen.

Vermögensvermischung

Wenn die Gesellschafter das Vermögen der GmbH nicht von ihrem übrigen Vermögen getrennt halten und zwar dergestalt, dass auch anhand der Buchführungsunterlagen nicht erkennbar ist, welche Gegenstände und Forderungen zum Vermögen der GmbH gehören und welche nicht, kann ebenfalls eine Gesellschafterhaftung in Betracht kommen. Auch hier erfolgt der Durchgriff jedoch nur in Ausnahmefällen. Eine bloß schlampige Buchführung oder verschleierte Privatentnahmen reichen allein noch nicht aus.

3

Bestandsvernichtender Eingriff

Hier handelt es sich um einen Schadensersatzanspruch der GmbH gegen ihre Gesellschafter, wenn diese sich sittenwidrig an ihr bereichern und so die Insolvenz herbeiführen oder vertiefen. Als Anspruchsgrundlage kommt § 826 BGB (= vorsätzliche, sittenwidrige Schädigung) in Betracht. Die Beendigung der GmbH soll in einem ordnungsgemäßen Liquidationsverfahren erfolgen und nicht schlicht durch Vermögensentzug ohne Rücksicht auf den Unternehmenszweck.

Im Übrigen haftet nach § 64 Satz 3 GmbHG auch der Geschäftsführer der GmbH, wenn er an die Gesellschafter Leistungen aus dem Vermögen der GmbH erbracht hat, die zur Zahlungsunfähigkeit führen mussten, es sei denn, dies war bei Anwendung der erforderlichen Sorgfalt nicht erkennbar. Er haftet also – anders als die Gesellschafter – schon bei Fahrlässigkeit!

Gesellschafter

Treuepflicht und Gleichbehandlung

Die Gesellschafter sind sich gegenseitig und gegenüber der GmbH zur Rücksichtnahme verpflichtet. Ein Verstoß gegen die wechselseitige Treuepflicht führt zu Unterlassungs- und Schadensersatzansprüchen.

Auch innerhalb der GmbH gilt der allgemeine gesellschaftsrecht-liche Gleichbehandlungsgrundsatz. Eine Ungleichbehandlung von Gesellschaftern kann – sofern nicht ohnehin eine Zustimmung vor-liegt – nur aus sachlichem Grund erfolgen.

Ein einzelner Gesellschafter kann unter Umständen einen Anspruch der GmbH gegen einen Mitgesellschafter gerichtlich geltend ma-chen (sog. actio pro socio; vgl. Seite 178).

Erwerb der Gesellschafterstellung

Ein Gesellschaftsanteil kann durch Gründungsbeteiligung, Übernah-me bei einer Kapitalerhöhung oder durch Übernahme von einem Altgesellschafter erworben werden.

Der Erwerb von GmbH-Anteilen bedarf der notariellen Beurkun-dung, und zwar sowohl die Vereinbarung, dass ein Anteil über-tragen werden soll, § 15 Abs. 4 GmbHG (Verpflichtungsgeschäft), als auch die denklogisch nachfolgende tatsächliche, erfüllende Abtretung des Anteils, § 15 Abs. 3 GmbHG. Sollten beide Rechts-geschäfte nicht ohnehin in einer einheitlichen Urkunde erfolgen, so wird ein eventueller Formmangel des Verpflichtungsgeschäfts durch die formwirksame Abtretung geheilt, § 15 Abs. 4 Satz 2 GmbHG.

Soll ein Minderjähriger einen bereits bestehenden Anteil erwerben, muss unter Umständen die Genehmigung des Familiengerichts ein-geholt werden, §§ 1643 Abs. 1, 1822 Nr. 10 BGB, sofern die Gefahr einer Differenzhaftung oder für rückständige Einlagen oder sons-tige Haftung, zum Beispiel aus § 31 Abs. 1, 3 GmbHG droht, oder nach § 1822 Nr. 3 BGB, wenn der Anteil gegen Entgelt erworben werden soll. Dasselbe gilt für die Beteiligung an einer Gründung.

Vinkulierung

Unter Vinkulierung versteht man die gesellschaftsrechtliche Ver-einbarung, dass ein Anteil nur mit Zustimmung der übrigen Gesell-schafter veräußert werden darf. Da die GmbH oftmals personalis-tisch geprägt ist, besteht der verständliche Wunsch, dass fremde Dritte nicht ungefragt in die Gesellschaft aufgenommen werden müssen. Andererseits kann ein Altgesellschafter legitime Gründe haben, seinen Anteil zu veräußern, zum Beispiel aus gesundheit-lichen oder Altersgründen. Es empfiehlt sich deshalb, bereits im Gesellschaftsvertrag zu regeln, unter welchen Voraussetzungen die Zustimmung erteilt werden soll. Zwar wird eine solche Klausel kaum jemals alle Eventualitäten, die das Leben mit sich bringt, en détail im Voraus regeln können. Es werden aber zumindest Anhaltspunkte gegeben. Die verbleibenden Gesellschafter müssen dann nach pflichtgemäßem Ermessen entscheiden. Auch hier kann der Gleichbehandlungsgrundsatz wieder eine Rolle spielen.

Gesellschafterliste

Von Fällen der Vinkulierung abgesehen sind die übrigen Gesellschafter oder die GmbH als solche an der Veräußerung von Anteilen prinzipiell nicht beteiligt. Es kann deshalb vorkommen, dass von der Anteilsabtretung bei den übrigen Gesellschaftern oder der Gesellschaft gar nichts bekannt ist. Es wäre deshalb möglich, dass die falsche Person zur Gesellschafterversammlung geladen wird mit der Folge, dass die dort gefassten Beschlüsse unwirksam wären. Deshalb ist in § 16 Abs. 1 GmbHG geregelt, dass im Verhältnis zur Gesellschaft bei Veränderungen in der Person der Gesellschafter oder des Umfangs ihrer Beteiligung derjenige als Gesellschafter gilt, der in die Gesellschafterliste eingetragen ist.

3

Somit kann ein neuer Gesellschafter, solange er nicht in die Liste eingetragen ist, keine Mitgliedschaftsrechte ausüben.

Bei jeder Veränderung im Gesellschafterkreis ist eine neue Gesellschafterliste zum Handelsregister einzureichen, § 40 Abs. 1 GmbHG. In der Regel wird das der beurkundende Notar übernehmen.

Der Erwerber haftet für rückständige Einlagen seines Vorgängers, § 16 Abs. 2 GmbHG, sobald er in die Gesellschafterliste eingetragen ist.

Ist eine Beteiligung in der Liste falsch geführt, besteht ein Korrekturanspruch des Betroffenen gegenüber der GmbH.

Gutgläubiger Erwerb von Anteilen

Gemäß § 16 Abs. 3 GmbHG kann ein Anteil auch gutgläubig von einem Rechtsträger erworben werden, der gar nicht Gesellschafter, jedoch in die Gesellschafterliste eingetragen ist. Allerdings scheidet ein gutgläubiger Erwerb vom Nichtberechtigten aus, wenn die Liste weniger als drei Jahre unrichtig und die Unrichtigkeit dem wahren Berechtigten nicht zuzurechnen ist. Außerdem muss der Erwerber gutgläubig sein, das heißt er darf keine Kenntnis oder grob fahrlässige Unkenntnis von der Unrichtigkeit der Liste haben. Zudem darf der Liste kein Widerspruch zugeordnet sein.

Es obliegt somit dem Gesellschafter, sich um die Richtigkeit der Gesellschafterliste zu kümmern. Diese ist übrigens online über das gemeinsame Registerportal der Bundesländer einsehbar.

Ein nicht-existierender Anteil kann jedoch nicht gutgläubig erworben werden.

Vererbung von Anteilen

Ein GmbH-Anteil ist unproblematisch vererblich, § 15 Abs. 1 GmbHG. Der Erbe oder die Erbengemeinschaft, § 18 GmbHG, treten an die Stelle des verstorbenen Gesellschafters.

Soll das Nachrücken von Erben verhindert werden, muss bereits im Gesellschaftsvertrag Vorkehrung getroffen werden, etwa dadurch, dass eine Verpflichtung zur Anteilsübertragung von den Erben auf die übrigen Altgesellschafter oder die GmbH selbst vereinbart wird. Auch eine Anteilseinziehung für den Erbfall kommt in Betracht, § 34 GmbHG. In solchen Fällen wird oftmals auch ein Ausschluss oder zumindest eine Beschränkung des Abfindungsanspruchs vereinbart, was in der Regel rechtlich unproblematisch möglich ist. Hierdurch wird die Gesellschaft vor dem Eindringen Außenstehender geschützt.

Verlust der Gesellschafterstellung

Die Gesellschafterstellung geht nicht nur durch Anteilsübertragung oder Tod des Gesellschafters verloren, sondern auch durch Kaduzierung wegen Nicht-Leistung der Einlage sowie durch Zwangseinziehung nach § 34 GmbHG.

Die Zwangseinziehung ist nur möglich, wenn sie in der Satzung vereinbart wurde, und zwar bevor der Betroffene seinen Anteil erworben hat, § 34 Abs. 2 GmbHG. Oft wird im Gesellschaftsvertrag die Einziehung an bestimmte konkrete Umstände geknüpft, zum Beispiel die Pfändung des Anteils oder den Tod des Altgesellschafters. Teils wird auch nur allgemein ein „wichtiger Grund in der Person des betroffenen Gesellschafters" genannt. Unzulässig wäre es, die Einziehung in das freie Belieben der Mitgesellschafter zu stellen, denn dann ist selbst durch Auslegung nicht erkennbar, wann die Voraussetzung gegeben sein soll.

Die Einziehung erfolgt durch Beschluss der Gesellschafter, § 46 Nr. 4 GmbHG. Der Geschäftsanteil geht unter. Der Nennbetrag der übrigen Anteile erhöht sich entsprechend.

Eine Einziehung nicht voll eingezahlter Anteile ist unzulässig, da sonst der Anspruch auf Einlageleistung unterginge. Möglich ist dann jedoch die oben angesprochene Kaduzierung, § 21 GmbHG.

Der ausscheidende Gesellschafter hat Anspruch auf eine Abfindung. Die Auszahlung der Abfindung darf jedoch nicht das Stammkapital angreifen, § 34 Abs. 3 i. V. m. § 30 Abs. 1 GmbHG. Soll die Abfindung niedriger ausfallen als der Wert des Geschäftsanteils an sich, gilt dasselbe wie bei der GbR (vgl. Seite 36). Stellt sich nach der Beschlussfassung über die Einziehung heraus, dass die Abfindung nur aus gebundenem Vermögen gezahlt werden könnte, kann der betroffene Gesellschafter unter Umständen seine ehemaligen Mitgesellschafter persönlich in Anspruch nehmen.

Ist im Gesellschaftsvertrag keine Zwangseinziehung vorgesehen, kann ein Gesellschafter dennoch seine Gesellschafterstellung verlieren, wenn ein wichtiger Grund hierfür vorliegt. Ein solcher läge beispielsweise vor bei einem schwerwiegendem Verstoß gegen die gesellschaftlichen Interessen. Die übrigen Gesellschafter müssen die Ausschließung sodann noch bei Gericht beantragen, § 140 HGB analog. Es handelt sich also um einen Ausschluss.

Der Geschäftsanteil geht mit dem Ausschluss nicht unter. Die verbleibenden Gesellschafter sind aufgerufen, darüber zu entscheiden, wie mit diesem verfahren werden soll. Denkbar ist eine Kapitalherabsetzung oder eine Übernahme des Anteils, sei es im Ganzen durch einen Dritten oder einen der Gesellschafter oder eine anteilsmäßige Übernahme durch alle Gesellschafter.

Dem Ausgeschlossenen steht ein Abfindungsanspruch zu. Der Ausschluss wird erst wirksam, wenn die Abfindung – ohne das Stammkapital anzugreifen, § 30 Abs. 1 GmbHG – geleistet wird. Bis dahin ruhen die Gesellschafterrechte des Ausscheidenden.

Austrittsrecht

Dem Ausschlussrecht aus wichtigem Grund steht umgekehrt ein Austrittsrecht des einzelnen Gesellschafters aus wichtigem Grund gegenüber.

Ein solches ist gegeben, wenn dem Gesellschafter der Verbleib in der GmbH nicht mehr zugemutet werden kann und mildere Mittel nicht ausreichend sind, den legitimen Interessen des Gesellschafters Rechnung zu tragen. Beispiel wäre eine Änderung des Unternehmensgegenstands oder ein untragbares Verhalten der Mitgesellschafter.

Auch in diesem Fall steht dem ausscheidenden Gesellschafter ein Abfindungsanspruch zu und § 30 Abs. 1 GmbHG ist zu beachten. Wird der Abfindungsanspruch nicht erfüllt, kann dem Gesellschafter ein Auflösungsrecht zustehen. Dies zumindest dann, wenn die Nicht-Erfüllung auf die Kapitalerhaltungsregeln zurückzuführen ist. Ansonsten kommt für den Gesellschafter eine Zahlungsklage in Betracht.

Ein Sonderfall des Austrittsrechts ist das Abandonrecht: Wurde in der Satzung ausnahmsweise eine nicht betragsmäßig festgelegte Nachschusspflicht der Gesellschafter vereinbart und wird dieser Nachschuss nun eingefordert, kann der Gesellschafter sich hiervon befreien, indem er seinen Geschäftsanteil zur Verfügung stellt.

Fehlerhafte Gesellschaft

Gründungsmängel

An sich wird eine fehlerhaft gegründete GmbH erst gar nicht ins Handelsregister eingetragen und kann somit auch keine Wirksamkeit erlangen. Geschieht dies dennoch, weil ein Fehler erst im Nachhinein entdeckt wird, kann die Gesellschaft von Amts wegen gelöscht werden, §§ 394, 397, 399 Abs. 4 FamFG. Das kann beispielsweise auf Betreiben der Finanzbehörden oder berufsständischer Organe erfolgen.

Liegen die besonderen Voraussetzungen der Amtslöschung nicht vor, kann ein Gesellschafter oder ein Aufsichtsratsmitglied Klage auf Feststellung der Nichtigkeit erheben, § 75 GmbHG. Voraussetzung ist das Fehlen einer Bestimmung über die Höhe des Stammkapitals oder über den Unternehmensgegenstand, oder eine unwirksame Bestimmung zum Unternehmensgegenstand. Sofern der Mangel nicht geheilt werden kann, wird die Gesellschaft vom Gericht für die Zukunft für nichtig erklärt und abgewickelt, § 77 GmbHG. Zum Schutz des Rechtsverkehrs wird sie bis zur Nichtigerklärung nach außen als wirksam behandelt.

Fehlerhafte Satzungsänderungen

Auch Satzungsänderungen müssen ins Handelsregister eingetragen werden, § 54 Abs. 1 GmbHG. In der Regel erfolgt die Anmeldung durch den Notar, der den zugrunde liegenden Beschluss zuvor geprüft haben sollte. Aber auch das Registergericht prüft seinerseits nochmal den Beschluss, bevor es die Eintragung vornimmt.

Geprüft wird, ob die Anmeldung ordnungsgemäß erfolgt, der Beschluss wirksam zustande gekommen ist, etwa auf wirksamen Bevollmächtigungen beruht, eine wirksame Ladung vorangegangen ist usw. Bei formellen Fehlern orientiert sich die Praxis an § 241 AktG, da das GmbHG keine eigenen Regelungen hierzu enthält. Aber auch aus materiellen Gründen kann sich die Nichtigkeit ergeben, etwa wenn die Durchführung des Beschlusses einen Gesetzesverstoß darstellen würde. Ein nichtiger Beschluss muss zurückgewiesen werden, es erfolgt keine Eintragung.

3

Ein Beschluss hingegen, der nur anfechtbar ist, kann an sich eingetragen werden, § 242 AktG analog. Das Registergericht kann jedoch auch hier die Eintragung aussetzen, wenn es den Fehler für gravierend hält und Gelegenheit zur Nachbesserung geben, §§ 21, 381 Satz 1 FamFG. Anfechtungsgründe können sich beispielsweise aus einer fehlerhaften Ladung oder Verfahrensfehlern bei der Beschlussfassung ergeben.

Auch hier ist eine Amtslöschung bei fehlerhafter Eintragung möglich, § 398 FamFG.

Ob ein Beschluss sachlich zweckmäßig war, wird vom Registergericht jedoch nicht geprüft.

Fehler bei der Übernahme von Anteilen

Nach §§ 119, 123 BGB kann eine Willenserklärung, bei der sich der Erklärende in rechtserheblicher Weise geirrt hat oder er getäuscht oder bedroht wurde, anfechten, so dass er sich nicht an seiner Willenserklärung festhalten lassen muss. Im Gesellschaftsrecht wird dieses Recht zugunsten des Verkehrsschutzes eingeschränkt. Eine Abwicklung kommt nur für die Zukunft in Betracht. Dasselbe gilt für die meisten anderen Formfehler und Nichtigkeitsgründe.

Fehler bei der Übertragung von Anteilen

Leidet eine Anteilsübertragung an Form- oder materiellen Mängeln, hilft § 16 GmbHG: Gegenüber der Gesellschaft gilt derjenige als Gesellschafter, der in der Gesellschafterliste eingetragen ist. Auf die Grundsätze der „fehlerhaften Gesellschaft" muss nicht zurückgegriffen werden.

Somit kann es auch zu einem gutgläubigen Erwerb von Anteilen von einem Nichtberechtigten kommen (vgl. Seite 159). Der (nichtberechtigte) Veräußerer ist dem wahren „Altgesellschafter" dann zum Ausgleich verpflichtet, indem er zum Beispiel den Kaufpreis herauszugeben hat, § 816 Abs. 1 Satz 1 BGB.

Auflösung und Beendigung

Die GmbH wird aufgelöst, wenn ein Auflösungsgrund besteht. § 60 GmbHG zählt einige auf, ist jedoch nicht abschließend.

Auflösungsgründe sind zum Beispiel:

- Zeitablauf, wenn die Gesellschaft nur für eine bestimmte Zeit gegründet wurde

- der Beschluss der Gesellschafter, der mit 3/4-Mehrheit gefasst sein muss

- ein gerichtliches Urteil oder eine Entscheidung einer Verwaltungsbehörde

- die Eröffnung des Insolvenzverfahrens über das Vermögen der GmbH oder dessen Ablehnung mangels Masse

- ein Verfahren nach § 399 FamFG (Amtslöschung durch das Registergericht)

- eine Kündigung durch einen Gesellschafter, sofern der Gesellschaftsvertrag nicht die Fortsetzung unter den übrigen Gesellschaftern vorsieht

- sonstige Gründe, die im Gesellschaftsvertrag vereinbart wurden

Von gewisser praktischer Bedeutung ist die Auflösungsklage durch einen Gesellschafter nach § 61 f. GmbHG, aus wichtigem Grund. Die klagenden Gesellschafter müssen zusammen mindestens 10 Prozent des Stammkapitals halten. Es muss ein wichtiger Grund vorliegen, etwa wenn die Erreichung des Gesellschaftszwecks unmöglich wird oder ein tiefgreifendes Zerwürfnis zwischen den Gesellschaftern besteht. Allerdings ist zu beachten, dass die Auflösung nur als ultima ratio in Betracht kommt, vorrangig wäre ein Austritt oder ein Ausschluss in Erwägung zu ziehen.

Mit dem Auflösungsbeschluss wird die werbende Gesellschaft zur Liquidationsgesellschaft. Der Gesellschaftszweck ist nunmehr die Liquidation. Es gelten die Vorschriften der § 65 ff. GmbHG. Die Auflösung ist zum Handelsregister anzumelden, § 65 Abs. 1 Satz 1 GmbHG. Das Liquidationsverfahren ist Aufgabe der Geschäftsführer, § 66 Abs. 1 GmbHG, welche jedoch auf andere Personen übertragen werden kann. Auch eine Liquidatorenbestellung durch Gericht ist denkbar, § 66 Abs. 2 GmbHG.

Die Liquidatoren wickeln die laufenden Geschäfte ab, wandeln Vermögen in Geldmittel um, befriedigen die Gläubiger, § 70 GmbHG, und verteilen schließlich – nach Ablauf eines Sperrjahres, § 73 GmbHG – verbleibendes Vermögen quotenmäßig unter die Gesellschafter, § 72 GmbHG. Nach Abschluss dieses Verfahrens ist die Gesellschaft beendet, sie wird aus dem Handelsregister gelöscht, §§ 6 Abs. 1, 29, 31 Abs. 2 HGB. **3**

Ist die Gesellschaft jedoch ohne Vermögen, erübrigt sich auch eine Liquidation, ein Insolvenzverfahren kann mangels Masse ebenfalls nicht durchgeführt werden. Folglich wird die GmbH von Amts wegen nach § 394 Abs. 1 FamFG gelöscht.

Fortsetzung der Gesellschaft

Solange die GmbH noch nicht beendet ist, also das Liquidationsverfahren noch nicht abgeschlossen oder ohne ein solches gelöscht ist, kann die GmbH wieder in eine werbende Gesellschaft umgewandelt und fortgesetzt werden. Der Beschluss bedarf gemäß § 60 Nr. 2 GmbHG analog einer 3/4-Mehrheit, soweit im Gesellschaftsvertrag nichts anderes bestimmt ist.

Unternehmergesellschaft

Die Unternehmergesellschaft (UG haftungsbeschränkt) ist – wie bereits erwähnt – die „kleine Schwester" der GmbH. Wer weniger als die in § 5 Abs. 1 GmbHG genannten 25.000 Euro Stammkapital aufbringen will, kann eine Unternehmergesellschaft nach § 5a GmbHG gründen und somit ebenfalls seine persönliche Haftung beschränken. Wichtig ist, dass der Unternehmer im Rechtsverkehr wie gesetzlich vorgeschrieben die Bezeichnung „UG (haftungsbeschränkt)" oder „Unternehmergesellschaft (haftungsbeschränkt)" verwendet, nicht GmbH, § 5a Abs. 1 GmbHG. Andernfalls droht ihm die persönliche Inanspruchnahme für Schulden der UG (haftungsbeschränkt).

Bei der Erstellung des Jahresabschlusses ist die Pflicht zur Rücklagenbildung nach § 5a Abs. 3 GmbHG zu beachten: Diese dient ausschließlich einer Kapitalerhöhung aus Gesellschaftsmitteln, zum Ausgleich eines Jahresfehlbetrags oder Verlustvortrags.

3

Sacheinlagen sind bei der UG (haftungsbeschränkt) prinzipiell nicht vorgesehen, § 5a Abs. 2 Satz 2 GmbHG. Soweit das Stammkapital jedoch den Wert des § 5 Abs. 1 GmbHG (25.000 Euro) für die GmbH erreicht, gilt dieses Verbot nicht mehr. Unter dem Gesichtspunkt des Gläubigerschutzes ist das Verbot der Sacheinlagenerbringung dann nicht mehr gerechtfertigt.

7. Eingetragene Genossenschaft

Die Genossenschaft (e. G.) hat den Zweck, den Erwerb oder die Wirtschaft ihrer Mitglieder oder deren soziale oder kulturelle Belange durch einen gemeinschaftlichen Geschäftsbetrieb zu fördern. Gewinnerzielung ist also nicht primäres Ziel. Der Mitgliederkreis ist nicht geschlossen, § 1 GenG.

Sie ist selbst Trägerin von Rechten und Pflichten, kann selbst vor Gericht klagen und verklagt werden, § 17 GenG, sobald sie ins Genossenschaftsregister eingetragen ist, § 13 GenG. Sie wird als Kaufmann im Sinne des HGB behandelt, § 17 Abs. 2 GenG, und zwar kraft Rechtsform, das heißt unabhängig von ihrer Tätigkeit.

Gründung

An der Gründung müssen sich mindestens drei Personen beteiligen, § 4 GenG. Sie bestellen den Aufsichtsrat und den Vorstand, § 9 GenG. Bei kleineren Genossenschaften mit weniger als 20 Mitgliedern kann auf einen Aufsichtsrat verzichtet werden, § 9 Abs. 1 Satz 2 GenG.

Eintragung

Bei der Anmeldung zur Eintragung ist eine Prüfungsbescheinigung nach § 11 Abs. 2 Nr. 3 GenG vorzulegen, in der bestätigt wird, dass die Genossenschaft zum Beitritt zugelassen ist, sowie ein Gutachten, ob nach den persönlichen oder wirtschaftlichen Verhältnissen, insbesondere der Vermögenslage der Genossenschaft, eine Gefährdung der Belange der Mitglieder oder der Gläubiger der Genossenschaft zu besorgen ist. Diese Bestätigung und die Stellungnahme werden von dem Prüfungsverband, in dem die Genossenschaft Mitglied ist, ausgestellt. Den Prüfverbänden wird das Prüfungsrecht von einer staatlichen Behörde verliehen, § 63 GenG. Es handelt sich um eine Pflichtmitgliedschaft der Genossenschaft im Prüfungsverband, § 54 GenG.

3

Soweit Prüfungsverbände eine Monopolstellung innehaben, besteht eine Aufnahmepflicht zugunsten der Genossenschaft, soweit kein wichtiger Grund entgegensteht. Ansonsten müssen die Verbände einen Aufnahmeantrag zumindest nach pflichtgemäßem Ermessen prüfen. Die Prüfungsverbände prüfen auch später regelmäßig die wirtschaftlichen Verhältnisse und die Ordnungsmäßigkeit der Geschäftsführung, § 53 GenG.

Auch die Satzung und die Urkunden zur Bestellung des Vorstands und des Aufsichtsrats sind bei der Anmeldung, für welche der Vorstand Sorge zu tragen hat, vorzulegen, § 11 GenG. Desgleichen eventuell erforderliche staatliche Genehmigungen, zum Beispiel für Bankgeschäfte nach §§ 32, 43 Abs. 1 KWG. Ohne die entsprechenden Nachweise darf die Eintragung nicht erfolgen.

Satzung

Die Satzung muss gemäß §§ 6, 7 GenG gewisse Mindestinhalte aufweisen, nämlich Bestimmungen zu:

- Firma und Sitz der Genossenschaft
- Gegenstand des Unternehmens
- Nachschusspflichten im Insolvenzfall
- Formvorschriften zur Einberufung und Beschlussfassung der Generalversammlung
- Bekanntmachungsform

- Geschäftsanteilserwerb und Einlageverpflichtung
- Rücklagenbildung zur Verlustdeckung

Insbesondere aus der Nachschusspflicht kann sich ein nicht unerhebliches finanzielles Risiko für die Mitglieder ergeben!

Nach § 8 GenG sind bestimmte sonstige Vereinbarungen in der Satzung niederzulegen:

- zeitliche Beschränkung
- Knüpfung der Mitgliedschaft an einen bestimmten Wohnsitz
- Bestimmung des Geschäftsjahres
- Mehrheitsbestimmungen zur Beschlussfassung der Generalversammlung sowie sonstige Bestimmungen hierzu
- Ausdehnung des Geschäftskreises auf Nicht-Mitglieder
- Regelungen über investierende Mitglieder

Die Satzung muss schriftlich niedergelegt werden, § 5 GenG.

Gleichbehandlung und Treuepflicht

Auch im Genossenschaftsrecht gilt im Verhältnis der Mitglieder untereinander sowie im Verhältnis zur Genossenschaft die allgemeine gesellschaftsrechtliche Treuepflicht.

Inwieweit die Treuepflicht zu einem Wettbewerbsverbot oder zu einem Verbot, in anderen bestimmten Verbänden ebenfalls Mitglied zu sein, führt, muss für jeden Einzelfall entschieden werden. Grundsätzlich gilt, dass die Mitglieder schädigendes Verhalten zu unterlassen und die Interessen der Genossenschaft zu wahren haben. Auch ein Konkurrenzverbot kann darunter fallen, zumindest, wenn ansonsten der Zweck oder die Funktionsfähigkeit der Genossenschaft infrage steht. Jedoch sind stets die konkreten Umstände des Einzelfalls zu berücksichtigen.

Auch der Gleichbehandlungsgrundsatz findet selbstverständlich Anwendung.

Vorstand

Die Genossenschaft wird durch ihren Vorstand vertreten, §§ 24 Abs. 1, 26 Abs. 1 GenG. Er besteht, sofern die Genossenschaft mindestens 20 Mitglieder hat, mindestens aus zwei Personen, § 24 Abs. 2 GenG.

Soweit die Satzung nichts anderes vorsieht, wird er von der Generalversammlung bestellt. Nur Mitglieder können auch Vorstandsmitglieder sein, § 9 Abs. 2 Satz 1 GenG.

In der Regel wird ein separater Anstellungsvertrag mit dem Vorstandsmitglied abgeschlossen. Die Genossenschaft wird dabei durch den Aufsichtsrat, oder – sofern kein solcher vorhanden ist – von einem von der Versammlung bestimmten Bevollmächtigten vertreten, § 39 Abs. 1 Satz 2 GenG. Dies ist jedoch nicht zwingend, auch ein unbesoldetes Auftragsverhältnis ist denkbar.

In der Satzung können intern Beschränkungen festgelegt werden, die der Vorstand zu beachten hat, § 27 Abs. 1 Satz 2 GenG. Eine Überschreitung derselben ändert jedoch nichts an seiner Vertretungsmacht nach außen, § 27 Abs. 2 GenG. Er macht sich jedoch ggf. schadensersatzpflichtig.

Weisungen der Mitgliederversammlung außerhalb der in der Satzung aufgeführten Angelegenheiten sind problematisch, da der Vorstand die Geschäfte prinzipiell eigenverantwortlich führt, § 27 Abs. 1 Satz 1 GenG.

Intern verteilt der Vorstand in der Praxis oftmals selbst die Zuständigkeiten in Ressorts und stellt entsprechende Geschäftsverteilungspläne auf.

Die Bestellung kann jederzeit widerrufen werden, § 24 Abs. 3 Satz 2 GenG.

Aufsichtsrat

Der Aufsichtsrat besteht, sofern die Satzung keine höhere Zahl festlegt, aus drei Mitgliedern, und wird ebenfalls von der Generalversammlung gewählt, § 36 Abs. 1 GenG. Kleinere Genossenschaften mit bis zu 20 Mitgliedern können auf einen Aufsichtsrat verzichten, § 9 Abs. 1 Satz 2 GenG.

Es können nur Mitglieder in das Gremium gewählt werden, § 9 Abs. 2 Satz 1 GenG (sog. Prinzip der Selbstorganschaft).

Bei der Besetzung ist, sofern die Schwellenwerte überschritten sind, das Drittelbeteiligungsgesetz oder das Mitbestimmungsgesetz zu beachten und die erforderliche Anzahl an Sitzen an Arbeitnehmervertreter zu vergeben (vgl. Seite 110). Für diese gilt das Prinzip der Selbstorganschaft nicht, das heißt sie müssen nicht Mitglied der Genossenschaft sein oder werden, um das Mandat anzutreten, § 1 Abs. 3 DrittelbG, §§ 6 Abs. 3 Satz 3, 33 Abs. 3 MitbestG.

Aufsichtsratsmitglieder dürfen keine nach dem Geschäftsergebnis bemessene Vergütung erhalten, § 36 Abs. 2 GenG. Wird eine Vergütung gezahlt, muss diese in der Satzung oder einem Beschluss der Generalversammlung bewilligt sein, § 113 Abs. 1 AktG analog.

Der Aufsichtsrat überwacht die Vorstandtätigkeit. Es steht ihm zu diesem Zweck ein umfassendes Auskunfts- und Einsichtsrecht zu, § 38 Abs. 1 GenG. Er kann Vorstandsmitglieder vorläufig, bis die Generalversammlung einen Beschluss gefasst hat, ihres Amtes entheben, § 40 GenG.

Außerdem steht ihm das Recht zur Einberufung der Generalversammlung zu, wenn er dies im Interesse der Genossenschaft für erforderlich hält, § 38 Abs. 2 GenG.

Durch Satzung können dem Aufsichtsrat weitere Aufgaben übertragen werden, § 38 Abs. 3 GenG.

Der Widerruf der Bestellung durch die Generalversammlung ist jederzeit mit 3/4-Mehrheit möglich, § 36 Abs. 3 GenG.

Generalversammlung

Die Generalversammlung ist oberstes Willensbildungs- und Entscheidungsorgan der Genossenschaft. Die Mitglieder üben ihre Rechte in der Generalversammlung aus. Abgestimmt wird nach Köpfen, § 43 Abs. 3 Satz 3 GenG. Mehrstimmrechte können jedoch in der Satzung zugelassen werden.

Sie wählt die Vorstands- und Aufsichtsratsmitglieder, §§ 24 Abs. 2, 36 Abs. 1, 3 GenG, und beschließt über deren Entlastung, § 48 Abs. 1 Satz 2 GenG. Darüber hinaus stellt sie den Jahresabschluss fest und beschließt die Verwendung des Jahresergebnisses, § 48 Abs. 1 Satz 1, 2 GenG.

Ebenso ist sie zuständig für Satzungsänderungen, § 16 GenG, und für die Entscheidung über die Auflösung der Genossenschaft, § 78 GenG.

In großen Genossenschaften mit mehr als 1.500 Mitgliedern kann an die Stelle der Mitgliederversammlung eine sogenannte Vertreterversammlung treten, § 43a GenG.

Mitgliedschaft

Mitglied bei einer Genossenschaft wird man außer bei einer Beteiligung an der Gründung auch durch späteren zugelassenen Beitritt, § 15 GenG.

Über den Mitgliederbestand wird vom Vorstand eine Liste geführt, § 30 GenG, die Eintragung in dieselbe hat jedoch nur deklaratorische Bedeutung.

3

Geschäftsanteil

Der Geschäftsanteil ist im Genossenschaftsrecht nur eine abstrakte Größe: Er gibt die maximal mögliche Beteiligungsgröße für einen Anteil, aber nicht die tatsächliche finanzielle einzelne Beteiligung an, § 7 Nr. 1 GenG. Die Mitglieder beteiligen sich sodann mit Einzahlungen auf den Anteil. Die Satzung muss die Höhe eines Geschäftsanteils und die Mindesteinzahlung hierauf festlegen, § 7 Nr. 1 GenG. Die Satzung kann auch bestimmen, dass mehrere Anteile erworben werden können oder müssen.

Durch Satzungsänderung können diese Größen verändert werden.

Geschäftsguthaben

Vom Geschäftsanteil zu unterscheiden ist das sogenannte Geschäftsguthaben. Hierunter versteht man den Betrag, mit dem das Mitglied zu einem bestimmten Zeitpunkt konkret an der Genossenschaft beteiligt ist. Er besteht demnach aus der Summe der geleisteten Einzahlungen zuzüglich zugeschriebener Gewinne und abzüglich Verluste, § 19 Abs. 1 GenG. Der Gewinnanteil wird so lange zugeschrieben – also nicht verteilt –, bis der Wert des Geschäftsanteils erreicht ist. Die Satzung kann hierzu jedoch ebenfalls andere Bestimmungen treffen, § 19 Abs. 2 GenG.

Das Geschäftsguthaben darf nicht ausgezahlt werden, § 22 Abs. 4 GenG. Diese Beschränkung gilt nicht für Gewinnanteile, die wegen Überschreitung des Geschäftsanteils nicht mehr zugeschrieben werden können.

Das Auszahlungsverbot darf nicht durch verdeckte Gewinnausschüttungen umgangen werden.

Nachschusspflicht

Bereits in der Satzung ist festzulegen, ob und inwieweit die Mitglieder zu Nachschüssen verpflichtet sind, wenn bei einer Insolvenz etwaige Gläubiger der Genossenschaft nicht befriedigt werden können. Die Nachschusspflicht kann auch unbeschränkt vereinbart werden, § 6 Nr. 3 GenG, was zu einem kaum überschaubaren Haftungsrisiko führt.

3 Sind Nachschüsse vereinbart, werden diese vom Insolvenzverwalter nach Maßgabe des § 105 GenG zur Masse eingezogen.

Investierende Mitglieder

Investierende Mitglieder nehmen die Güter bzw. Dienstleistungen der Genossenschaft nicht wahr, das heißt sie kommen hierfür gar nicht in Betracht.

Beispiel:

Ein investierendes Mitglied ist ein Lieferant oder Dienstleistungserbringer für eine Wohnungsbaugenossenschaft. Er will keine Wohnung der Genossenschaft beziehen, aber sich einen gewissen Einfluss auf die Willensbildung bei der Genossenschaft sichern, um hierdurch seine eigenen Geschäftszwecke zu fördern.

Soweit nach der Satzung investierende Mitglieder zugelassen werden sollen, ist sicherzustellen, dass diese die übrigen Mitglieder nicht überstimmen können und keine Sperrminorität erhalten, § 8 Abs. 2 GenG. Die letztliche Entscheidungsbefugnis muss also bei den ordentlichen Mitgliedern verbleiben. Alles andere wäre mit dem Unternehmenszweck der Genossenschaft nicht vereinbar.

Übertragung der Mitgliedschaft

Eine Übertragung der Mitgliedschaft ist nicht vorgesehen. Wohl kann jedoch das Geschäftsguthaben auf ein anderes Mitglied übertragen werden, § 76 GenG.

Stirbt ein Mitglied, geht die Mitgliedschaft zwar zunächst auf den Erben über, sie endet jedoch mit Ablauf des Geschäftsjahres, sofern die Satzung nichts anderes bestimmt, § 77 GenG.

Verlust der Mitgliedschaft

Nach § 65 GenG besteht eine Austrittsmöglichkeit durch Kündigung. Diese erfolgt nach § 65 Abs. 2 GenG zum Ende des Geschäftsjahres und unter Einhaltung einer Mindestkündigungsfrist von drei Monaten. Die Satzung kann längere Kündigungsfristen vorsehen, welche jedoch fünf Jahre nicht überschreiten dürfen (nur bei bestimmten Genossenschaften, deren Mitglieder Unternehmer sind, kann eine zehnjährige Kündigungsfrist zur Sicherung der Finanzierung des Anlagevermögens der Genossenschaft vorgesehen werden).

3

Eine in der Satzung bestimmte Kündigungsfrist von mehr als zwei Jahren muss vom Mitglied nicht eingehalten werden, wenn diesem ein Verbleib in der Genossenschaft bis zum regulären Ablauf der Kündigungsfrist nicht zumutbar ist. Es gilt dann wieder die Dreimonatsfrist, § 65 Abs. 3 GenG.

Daneben bestehen Kündigungsmöglichkeiten aus wichtigem Grund, §§ 67, 67a GenG, bei besonders wichtigen Satzungsänderungen.

Ein Gläubiger, der das Auseinandersetzungsguthaben eines Mitglieds gegenüber der Genossenschaft gepfändet hat, kann ebenfalls ein Kündigungsrecht ausüben, § 66 GenG.

Auch die Übertragung des Geschäftsanteils nach § 76 GenG führt zum Ausscheiden des Mitglieds.

Schließlich kann ein Mitglied zwangsweise aus der Genossenschaft ausgeschlossen werden, § 68 GenG.

Scheidet ein Mitglied aus, hat es Anspruch auf Auszahlung seines Geschäftsguthabens, § 73 Abs. 2 Satz 2 GenG. Allerdings kann dieser Anspruch beschränkt sein durch § 8 GenG, wenn ein bestimmtes Mindestkapital in der Satzung festgelegt ist und dieses durch die Auszahlung unterschritten würde.

Förderbeziehung

Der Beitragspflicht des Mitglieds steht der Anspruch auf Förderleistung durch die Genossenschaft gegenüber. In welcher Form und auf welcher Rechtsgrundlage diese Förderleistungen erbracht werden, kann die Genossenschaft bestimmen. Die Förderleistung kann also entweder aufgrund der mitgliedschaftlichen Beziehung oder aufgrund eines separaten Vertrags mit dem Mitglied erbracht werden. Je nachdem, welchen Weg die Genossenschaft gewählt hat, gilt dann Gesellschaftsrecht oder das einschlägige Vertragsrecht.

8. Europäische Genossenschaft

Die Europäische Genossenschaft (SCE) ist in der VO Nr. 1435/2003/EG, der europäischen Richtlinie RL Nr. 2003/72/EG sowie dem entsprechenden deutschen Umsetzungsgesetz SCEAG geregelt.

Da die praktische Bedeutung der Europäischen Genossenschaft nach wie vor ausgesprochen gering ist, wird an dieser Stelle von einer Darstellung abgesehen.

9. Versicherungsverein auf Gegenseitigkeit

Der Versicherungsverein auf Gegenseitigkeit (VVaG) kann ausschließlich das Versicherungsgeschäft ausüben, § 15 VAG. Die Regelungen finden sich in § 171 ff. VAG. Es handelt sich um einen Verein, der die Versicherung seiner Mitglieder auf Gegenseitigkeit zum Geschäftszweck hat. Das Versicherungsverhältnis ist Teil der Mitgliedschaft. Der VVaG ist nicht auf Gewinnmaximierung ausgelegt. Schließlich kämen Gewinne denselben Personen letztlich wieder zugute. Wird dennoch ein Überschuss erzielt, steht er den Mitgliedern zu, § 194 Abs. 1 VAG.

Organe sind der Vorstand, der Aufsichtsrat und die Mitgliederversammlung. Letztere kann wie bei der Genossenschaft durch eine Vertreterversammlung ersetzt werden.

Ganz überwiegend sind Versicherungsunternehmen in der Rechtsform der AG organisiert. Die von den Versicherungsgesellschaften verwendeten Versicherungsbedingungen gegenüber ihren Kunden unterscheiden sich nicht wesentlich. Für den Verbraucher spielt es keine Rolle, ob die für ihn geltenden Versicherungsbedingungen in einer mitgliedschaftlichen Satzung oder in allgemeinen Vertragsbedingungen geregelt werden. Der Schutz des Kunden, den § 305 ff. BGB durch die Kontrolle von allgemeinen Geschäftsbedingungen gewähren, kommt deshalb auch VVaG-Mitgliedern zugute.

10. Ausländische Rechtsformen in Deutschland

Auch ausländische Gesellschaften können in Deutschland aktiv werden. Handelt es sich um eine EU-Gesellschaft, wird sie auch in Deutschland nach ihrem Heimatrecht behandelt. Dies folgt aus der Niederlassungsfreiheit, Art. 49 AEUV. Auch Gesellschaften aus den USA und den EFTA-Staaten sind insoweit privilegiert.

Allerdings haben sich auch diese Gesellschaften, wenn sie in Deutschland tätig werden, an deutsches Delikts- und Insolvenzrecht zu halten.

3

Gesellschafterstreitigkeiten

4

1. Grundsätzliches

Exemplarisch sind im Folgenden aus dem Bereich der Gesellschafterstreitigkeiten einige in der Praxis regelmäßig wiederkehrende Themen kurz dargestellt. Diese sollen verdeutlichen, wie komplex derlei Gesellschafterstreitigkeiten regelmäßig sind.

2. Klagebefugnis auch für nicht-vertretungsberechtigten Gesellschafter

Erbringt ein Gesellschafter seine ihm nach dem Gesellschaftsvertrag obliegenden Leistungen an die Gesellschaft nicht, kann ausnahmsweise auch ein nicht-vertretungsberechtigter Gesellschafter gegen diesen im eigenen Namen auf Leistung an die Gesellschaft klagen. Sein Recht hierzu bezieht er aus der anerkannten Rechtsfigur der sogenannten „actio pro socio". Allerdings ist dies nur möglich, wenn sich der vertretungsberechtigte Gesellschafter aus sachfremden Gründen weigert, die Forderung für die Gesellschaft geltend zu machen. Ebenso ist unter bestimmten Voraussetzungen eine Klage gegen den geschäftsführungsbefugten und vertretungsberechtigten Gesellschafter auf Vornahme oder Unterlassung einer bestimmten Geschäftsführungsmaßnahme denkbar.

Auch gegen Dritte kann ausnahmsweise der nicht-vertretungsberechtigte Gesellschafter unter gewissen Voraussetzungen im eigenen Namen gerichtlich vorgehen, wenn sich der an sich zuständige Gesellschafter weigert, etwa um dem Dritten rechts- und/oder sachwidrig Vorteile zu verschaffen und er dabei eine Schädigung der Gesellschaft in Kauf nimmt.

3. Klage auf Zustimmung zu Gesellschafterbeschlüssen

Verweigert ein Gesellschafter seine Mitwirkung an einer Beschlussfassung, indem er seine Zustimmung zu einer essentiellen Maßnahme nicht erteilt, können die übrigen Gesellschafter Klage auf Zustimmung gegen den „Verweigerer" erheben. Die Zustimmung gilt dann mit dem stattgebenden Urteil als erteilt, § 894 ZPO.

Bei sehr großen Gesellschaften (z. B. Publikumsgesellschaften, die sich im Rahmen eines Fonds zusammengeschlossen haben) wäre ein Klageverfahren unter Umständen mit unzumutbarem Aufwand verbunden. Deshalb kann in diesen Fällen direkt auf Feststellung der Wirksamkeit des Beschlusses geklagt werden, wenn die erforderliche Mehrzahl ohnehin hätte zustimmen müssen.

4. Ausschlussfristen/Verwirkung

Bei Personengesellschaften gilt an sich der Grundsatz, dass fehlerhafte Beschlüsse per se nichtig sind. Anders als im Aktienrecht (§ 246 Abs. 1 AktG), sieht das Gesetz keine bestimmte Anfechtungsfrist vor, so dass der Beschluss nur dann unwirksam ist, wenn er rechtzeitig erfolgreich angefochten worden ist. Diese Frist beträgt nach § 246 Abs. 1 AktG einen Monat und wird auch für die GmbH angewandt.

Allerdings sehen viele Gesellschaftsverträge von Personengesellschaften sog. Ausschlussklauseln vor. Selbst wenn dies nicht der Fall ist, kann eine Verwirkung eintreten, wenn der betroffene Gesellschafter die Unwirksamkeit nicht zeitnah geltend macht. Als Richtwert für die Frist kann auch hier die Einmonatsfrist des § 246 Abs. 1 AktG gelten.

4

Gestaltungshinweise

5

1. Grundsätzliches

Exemplarisch sind im Folgenden einige Gestaltungshinweise genannt, die in der Praxis regelmäßig wiederkehrende Themen betreffen. Diese sollen verdeutlichen, dass es sich empfiehlt, gerade bei der Gründung äußerste Sorgfalt bei der Konzeption des Regelwerks walten zu lassen. Die gesetzliche „Standard"-Lösung bedarf regelmäßig einer ergänzenden, differenzierenden Lösung.

2. Mehrheitsklausel in OHG-Verträgen

§ 119 Abs. 2 HGB bestimmt, dass bei einer Mehrheitsklausel im Gesellschaftsvertrag im Zweifel davon auszugehen ist, dass nach Köpfen abgestimmt wird, nicht nach der kapitalmäßigen Beteiligung. Erscheint dies im konkreten Fall nicht sachgerecht, sollte eine klarstellende Regelung aufgenommen werden.

3. Streitigkeiten über Wirksamkeit von Beschlüssen

Streitigkeiten über die Wirksamkeit von Beschlüssen bei Personengesellschaften werden grundsätzlich unter den Gesellschaftern ausgetragen. Insbesondere, wenn mehrere Personen beteiligt sind, würde dies jedoch oftmals dazu führen, dass eine Vielzahl von Personen verklagt werden müsste. Deshalb kann es sinnvoll sein, im Gesellschaftsvertrag zu vereinbaren, dass die Klage gegen die Gesellschaft als solche zu richten ist.

4. Fortsetzungsklausel

Die Kündigung eines BGB-Gesellschafters führt nach dem Gesetz automatisch zur Auflösung der Gesellschaft (§ 736 Abs. 1 BGB). Will man dies vermeiden, ist es ratsam, bereits im Gesellschaftsvertrag eine Fortsetzungsklausel aufzunehmen.

Die Fortsetzung kann auch für andere Fälle, wie den Tod eines Gesellschafters oder die Eröffnung eines Insolvenzverfahrens über das Vermögen eines Gesellschafters vorgesehen werden.

5. Abfindungsklausel

Beim Ausschluss oder Austritt eines Gesellschafters ist vom Gesetz ein Abfindungsanspruch nach dem Ertragswert vorgesehen. Diese

Regelung kann eine Gesellschaft, die fortgesetzt werden soll, erheblich belasten. Unter Umständen ist es deshalb zu empfehlen, eine sogenannte Buchwertklausel aufzunehmen.

Allerdings ist hierbei Vorsicht geboten, da diese jedenfalls dann, wenn der Ertragswert vom Buchwert erheblich abweicht, faktisch zu einer unzulässigen Benachteiligung des Ausscheidenden führt. Faktisch kann ihm damit seine Kündigungsmöglichkeit genommen werden. Es ist auch denkbar, dass es erst im Lauf der Zeit zu einer solchen Wertverschiebung kommt, die bei Abschluss des Gesellschaftsvertrags so noch nicht absehbar war. Gegebenenfalls muss der Abfindungsanspruch an die geänderten Verhältnisse angepasst werden. Wie dies im Einzelfall zu geschehen hat, ist jedoch offen, so dass dennoch ein gewaltiges Konfliktpotenzial verbleibt. Gerade dieses sollte jedoch mit der Abfindungsklausel vermieden werden.

Problematisch ist eine Buchwertklausel auch im Fall des Ausschlusses wegen Insolvenz, da damit Gläubiger benachteiligt werden können.

In der Regel akzeptiert die Rechtsprechung bei einem Ausschluss aus wichtigem Grund eine Abfindung auf Basis des Buchwerts. Noch geringere Abfindungen sind problematisch. Solche kommen jedoch infrage für den Sonderfall von mitarbeitenden Gesellschaftern, die nur einen geringen Anteil erworben haben, zum Beispiel im Rahmen von Mitarbeitermodellen oder bei Gesellschaften mit ideeller Zielsetzung.

5

Ob der Gesellschafter bei Eintritt überhaupt eine Gegenleistung erbracht hat, soll für die Höhe des Abfindungsanspruchs hingegen nach der Rechtsprechung eher keine Rolle spielen, da auch ein solcher Gesellschaftsanteil schutzwürdig ist.

6. Ausschlussklausel

Die Gesellschaft hat bei Streitigkeiten über gefasste Beschlüsse ein schützenswertes Interesse daran, baldmöglichst zu erfahren, ob der Beschluss umgesetzt werden kann. Deshalb sehen Gesellschaftsverträge oftmals sogenannte Ausschlussklauseln vor: Versäumt der einen Beschluss anfechtende Gesellschafter, rechtzeitig eine Klage bei Gericht anzubringen, ist er mit seinem Recht ausgeschlossen.

Derartige Klauseln sind nur wirksam, wenn sie das generelle Recht des Gesellschafters, den Rechtsweg zu beschreiten, nicht übermäßig einschränken. Deshalb darf die Frist nicht zu kurz bemessen sein.

Eine Frist von nur zwei Wochen bei einer OHG ist zu kurz (BGH, Urteil vom 13.02.1995, Az. II ZR 15/94). Es gilt dann eine Monatsfrist, welche sich an der Monatsfrist des § 246 AktG orientiert.

7. Beitritt eines Kommanditisten

Ein beitretender Kommanditist haftet gemäß § 173 Abs. 1 HGB nach Maßgabe der §§ 171, 172 HGB auch für Verbindlichkeiten der KG, die vor seinem Eintritt entstanden sind. Auf die Haftungsbegrenzung auf die Pflichteinlage kann er sich gemäß § 176 Abs. 2 HGB erst mit seiner Eintragung ins Handelsregister berufen. Es empfiehlt sich deshalb, den Beitritt nur unter die Bedingung der Registereintragung zu erklären, um eine weitergehende Haftung auszuschließen.

Die hier angeführten Punkte sind nur einige wenige Beispiele. Letztlich sollte der Gesellschaftsvertrag stets an den individuellen Bedürfnissen der Gründer ausgerichtet werden.

5

Handelsregister

Zum Schutz des Rechtsverkehrs schreibt das Gesetz in vielen Fällen die Eintragung bestimmter gesellschaftsrechtlicher Sachverhalte in das entsprechende öffentliche Register vor, in das jedermann Einsicht nehmen kann. Diese Funktion übernimmt für die Handels- und Kapitalgesellschaften das Handelsregister, das elektronisch geführt wird, § 8 HGB. Für Partnerschaftsgesellschaften (§ 5 Abs. 2 PartGG), Vereine (§§ 55, 55a ff. BGB) und Genossenschaften (§ 10 ff. GenG) werden besondere Register geführt. Für die GbR gibt es bislang kein Register. Zuständig sind in der Regel die Amtsgerichte am Sitz des örtlich zuständigen Landgerichts, § 376 FamFG.

Vom Handelsregister zu unterscheiden ist das sogenannte Unternehmensregister nach § 8b HGB: Hierbei handelt es sich um ein vom Bundesanzeiger Verlag kraft Ermächtigung durch das Bundesministerium der Justiz geführtes „Sammelregister", in dem Eintragungen aus verschiedenen Registern, Bekanntmachungen und sonstige Veröffentlichungen zusammengefasst zugänglich gemacht werden.

Die Register sollen für den Rechtsverkehr auf dem Gebiet des Handels- und Gesellschaftsrechts wichtige Rechtstatsachen und Rechtsverhältnisse offenlegen.

6

Das Gesetz gibt vor, welche Tatsachen beim Handelsregister anzumelden sind. Teilweise wird eine Rechtshandlung erst dann wirksam, wenn sie auch ins Handelsregister eingetragen wurde (sog. konstitutive Eintragung). Eine solche konstitutive Eintragung wäre zum Beispiel die Eintragung der GmbH, § 11 Abs. 1 GmbHG, oder der AG, § 41 Abs. 1 Satz 1 AktG, in das Handelsregister. Vor der Eintragung besteht die GmbH bzw. die AG nicht, sondern lediglich die sogenannte Vorgesellschaft (vgl. Seite 100 ff., 128 ff.). Andere Umstände wiederum sind rein deklaratorisch, das heißt die Rechtshandlung kann auch ohne Eintragung Rechtswirkung entfalten. Beispiele wären die Abberufung des Geschäftsführers der GmbH, § 39 Abs. 1 GmbHG, oder der Auflösungsbeschluss nach § 60 Abs. 1 Nr. 2 GmbHG. Manche Umstände wiederum sind gar nicht eintragungsfähig, beispielsweise Berufsbezeichnungen, Vollmachten außerhalb der Prokura, privatrechtliche Treuhandverhältnisse, die gesetzliche Vertretung von Minderjährigen oder die Betreuung.

Um die Vollständigkeit des Handelsregisters zu gewährleisten, trifft die handelnden Personen eine Anmeldepflicht, welche notfalls mit

Zwangsgeld bis zu 5.000 Euro durchgesetzt werden kann, § 14 HGB. Die Richtigkeit der Anmeldungen wird vom Registergericht grundsätzlich überprüft. Teils beschränkt sich die Prüfung auf formelle Gesichtspunkte, teils werden auch materielle Voraussetzungen geprüft. Notare, Gerichte und gewisse Behörden, die Kenntnis von unrichtigen oder unvollständigen Eintragungen im Register erlangen, sind zur Mitteilung an das Registergericht verpflichtet, § 379 HGB. Auch berufsständische Organe, wie die IHK oder Handwerkskammer, wirken an der Vermeidung von Fehlern sowie der Berichtigung und Vervollständigung der Register mit, § 380 HGB.

Sollte das Handelsregister dennoch unrichtig sein, gilt die Publizitätsfunktion des § 15 HGB: Hiernach kann sich ein außenstehender Dritter auf die Richtigkeit einer eingetragenen (§ 15 Abs. 3 HGB) Tatsache verlassen (sog. positive Publizität). Umgekehrt kann sich derjenige nicht auf eine einzutragende Tatsache berufen, der sich um die Eintragung hätte kümmern müssen, diese jedoch nicht erfolgt ist, § 15 Abs. 1 HGB (sog. negative Publizität). Voraussetzung ist jedoch stets, dass der Dritte nicht anderweitig Kenntnis von den wahren Verhältnissen hat, er also gutgläubig ist.

Unerheblich ist jedoch, ob er tatsächlich vor seiner Entscheidung Einsicht in das Handelsregister genommen hat.

6

Beispiel:

Ein GmbH-Geschäftsführer wird abberufen. Dieser Umstand wird jedoch entgegen § 39 GmbHG nicht zum Handelsregister angemeldet. Der ehemalige Geschäftsführer schließt namens der Gesellschaft einen Vertrag mit einem Lieferanten.

Lösung:

Der Lieferant kann Bezahlung von der GmbH verlangen, § 433 Abs. 2 BGB, §§ 35 Abs. 1, 39 Abs. 1 GmbHG, § 15 Abs. 1 HGB. Wahlweise könnte sich der Lieferant nach der Rechtsprechung auf die wahre Rechtslage berufen und den Geschäftsführer persönlich nach § 179 Abs. 1 BGB als vollmachtlosen Vertreter in Anspruch nehmen. Dies ist ggf. insbesondere in der Konstellation interessant, wenn die GmbH selbst vermögenslos ist.

Da § 15 HGB allgemein das Vertrauen des Rechtsverkehrs in die Richtigkeit und Vollständigkeit des Registers schützt, kommen dessen Regeln nicht zur Anwendung, wenn es zum Beispiel um rein deliktische Ansprüche wie aus einem Verkehrsunfall geht: In diesem Fall hat der Geschädigte kein schützenswertes Vertrauen investiert.

6

Stichwortverzeichnis

7

7

7

7

7

7